# La justice restaurative en France

**Collection Controverses**
**dirigée par Robert Cario**

Les ***Controverses*** rassemblent de courts essais sur des questions majeures de la connaissance scientifique dans le champ criminologique. En pointant leurs contradictions, (re)découvertes et zones d'ombre, les réflexions participent à une meilleure compréhension de la complexité des conduites humaines.
Quatre séries complètent la Collection : ***Traité de sciences criminelles ; Criminologie***, ***Sciences criminelles*** et ***Champ pénitentiaire***.

**Derniers ouvrages parus**

R. Cario (Dir.), Les rencontres détenus-Victimes : l'humanité retrouvée
F. Rognon, Brice Deymié, Punir, restaurer, guérir
I. Dréan-Rivette, Des sentences et des peines
F. Jollivet, De la punition à la réconciliation

***Traité de sciences criminelles***
2.1. R. Cario, Victimologie. De l'effraction du lien intersubjectif à la restauration sociale (4e éd. 2012)
2.2. R. Cario, Sylvie Ruiz-Vera, Droit(s) des victimes. De l'oubli à la reconnaissance (2015)
8. R. Cario, C. Rossi, Justice restaurative. Principes et promesses (Nouvelle édition, 2020)

***Criminologie***
M. Herzog-Evans, Le Juge de l'application des peines : Monsieur Jourdain de la désistance
J. Motte dit Falisse, F. Ludwiczak (Dir.), Du sens de la peine
C. Trotter, Le suivi des usagers involontaires

***Sciences criminelles***
H. Arbousset et al. (Dir.), , Risques, accidents et catastrophes. Liber amicorum en l'honneur de Marie-France Steinlé-Feuerbach
Y-C Quéro, La gouvernance nodale du réseau de sécurité locale
N.Y. Doumbia, Le maintien de l'ordre en Côte d'Ivoire

***Série Champ pénitentiaire***
S. Jacopin, J.M. Larralde (Dir.), Le droit aux visites des personnes incarcérées
R. Chazot, F. Violet, La souffrance en prison
Ludwiziack

Robert CARIO

# LA JUSTICE RESTAURATIVE EN FRANCE

*Une utopie créatrice et rationnelle*

L'Harmattan

## Du même auteur

Femmes et criminelles, Erès 1992

Introduction aux sciences criminelles, L'Harmattan (1995), 6e éd. 2008

Les femmes résistent au crime, L'Harmattan, 1997

Jeunes délinquants. À la recherche de la socialisation perdue, L'Harmattan (1996), 2e éd. 2000

Victimologie. Volume 1 : De l'effraction du lien intersubjectif à la restauration sociale, L'Harmattan, 3e éd. 2006

Victimologie. Volume 2 : Les textes essentiels, L'Harmattan, 2e Ed. 2003

L'aîné(e) victime. La fin d'un tabou ?, Ed. L'Harmattan, 2004

La prévention précoce des comportements criminels. Stigmatisation ou bientraitance sociale ?, L'Harmattan, 2004

La justice restaurative. Principes et promesses, (avec Catherine Rossi) L'Harmattan (2005), Nouvelle édition, 2020

*En (co)direction*

La criminalité des femmes, Erès 1989

La Personnalité criminelle, Erès 1991

La peine de mort au seuil du troisième millénaire, Erès 1993

Profession criminologue : spécialisation ou professionnalisation ?, Erès, 1994

La médiation pénale : entre répression et réparation, L'Harmattan, 1997

Les abuseurs sexuels : quel(s) traitement(s) ?, L'Harmattan, 1998

Les politiques publiques interministérielles d'aide aux victimes, 2001

Œuvre de justice et victimes, L'Harmattan, 2001

Victimes : du traumatisme à la réparation, L'Harmattan, 2002

L'aide aux victimes : 20 ans après, L'Harmattan, 2003

La victime est-elle coupable ?, L'Harmattan, 2004

Les droits des victimes d'infraction, PPS, La Documentation française, 2007

Psychocriminologie. Prévention, prise en charge, expertise, Ed. Dunod, 2e éd.,2012


**5-7, rue de l'École-Polytechnique – 75005 Paris**
www.editions-harmattan.fr
ISBN : 978-2-343-20355-3
EAN : 9782343203553

*« If punishment is not an effective deterrent (and there is ample empirical research showing it is not) and if it is not an effective means of prevention (and the record number of offenders incarcerated proves it is not), what useful purpose does it serve ?*
*What is society getting in return for the billions of dollars being wasted on punishing wrongdoers ?*
*The conclusion is inevitably the same :*
*there has to be another and better way of dealing with those who break the law.*
*What is the alternative ? Restorative justice ».*

E.A. Fattah, Restorative justice.
Society's steady march towards a civilized justice paradigm, 2020.

*À tou.te.s les acteur.e.s*
*de la justice restaurative*

## PRINCIPALES ABRÉVIATIONS

| | |
|---|---|
| Adde.................. | Ajouter |
| A.J.pénal.. .......... | Actualité Juridique pénal |
| Al. ...................... | Alinéa |
| A.Q.P.V. ............ | Association québécoise Plaidoyer-Victimes |
| A.R.C.A. ............ | Association de recherche en criminologie appliquée |
| Art. ..................... | Article |
| BEX .................. | Bureau de l'exécution des peines |
| Bull. crim. .......... | Bulletin des arrêts de la Cour de cassation (Chambre Criminelle) |
| C.A. .................... | Cour d'appel |
| C. Ass. ................ | Cour d'assises |
| Cass. ................... | Cour de cassation |
| C.D.P.C. ............. | Comité européen des problèmes criminels |
| C.E. .................. | Conseil de l'Europe |
| C.E.D.H. ............ | Cour européenne des droits de l'homme |
| C.E.S.D.H. ......... | Convention européenne de sauvegarde des droits de l'homme et des libertés fondamentales |
| Cf ...................... | Confer |
| C.G.F./F.G.C. ..... | Conférence du groupe familial / |
| ........................... | Family group conferencing |
| Chap. .................. | Chapitre |
| Chron. ................ | Chronique |
| C.I.V.I. ............... | Commission d'indemnisation des victimes d'infractions |
| C.I.C.C. .............. | Centre international de criminologie comparée |
| C.P.I.P. ............... | Conseiller pénitentiaire d'insertion et de probation |
| C.L.C.J./C.J. ....... | Comité de liaison des associations de contrôle Judiciaire / Citoyens et justice |
| C.N.A.V. ............ | Conseil National de l'aide aux victimes |
| C.N.I.D.F.F. ....... | Centre national d'information et de documentation des femmes et des familles |
| C.N.I.L. .............. | Commission Nationale de l'Informatique et des libertés |
| | C.N.P.D/R. Conseil national de prévention de la délinquance/ et de la radicalisation |
| Coll. ................... | Collection |
| Comp. ................ | Comparez |
| Contra. ............... | Solution contraire |
| C.P. .................... | Code pénal |
| C.pr.pén.(CPP)... | Code de procédure pénale |
| C.P.I. ................. | Cour pénale internationale |
| C.P.T. ................. | Comité européen pour la prévention de la torture |
| C.S.J.R. .............. | Centre de Services de justice réparatrice, Montréal |
| D. ....................... | Recueil Dalloz |
| Dir. ..................... | Ouvrage publié sous la direction de... |
| Dr. pén. .............. | Droit pénal (revue) |
| Dév. et soc./D.S. | Déviance et société (revue) |
| Ed. ...................... | Éditions, éditeur |
| E.N.A.P. ............. | École Nationale d'Administration pénitentiaire |
| E.N.M. ............... | École nationale de la magistrature |
| Eod. loc. ............. | Eodem loco, même référence, même endroit |
| EPCVM ............. | Enquêtes permanentes sur les conditions de vie des ménages / Insee |
| Gaz.pal. .............. | Gazette du Palais |
| HALDE ............. | Haute autorité de lutte contre les discriminations et pour l'égalité |
| Ibid. .................... | Ibidem, même référence |
| IFJR .................. | Institut français pour la justice restaurative |
| IHESI/INHESJ... | Institut national des hautes études de la sécurité et de la justice |

| | |
|---|---|
| I.J.C.................... | International journal on criminology |
| I.N.A.V.E.M. ..... | Institut national d'aide aux victimes et de médiation |
| ............................ | /France-Victimes |
| Infra. .................. | Ci-dessous |
| I.N.S.E.E. ........... | Institut national de la statistique et des études économiques |
| JCP / S.J. ............ | La semaine juridique |
| J.A.P.................. | Juge de l'application des peines |
| J.D.J. .................. | Journal du droit des jeunes |
| J.O...................... | Journal officiel |
| J.O.C.E.............. | Journal officiel des communautés européennes |
| J.R. ..................... | Justice restaurative |
| JUDEVI ............ | Juge délégué aux victimes |
| Min. Justice........ | Ministère de la justice |
| Not. .................... | Notamment |
| O.C.D.E. ............ | Organisation de coopération et de développement économiques (1960) |
| O.I.P.................. | Observatoire international des prisons |
| O.M.S................. | Organisation mondiale de la santé |
| O.N.G................. | Organisation non gouvernementale |
| O.N.U................. | Organisation des Nations unies |
| Op. cit. ............... | Opere citato, Ouvrage, article... déjà cité |
| Ord. ..................... | Ordonnance |
| p., pp. ................. | Page(s) |
| P.J.J. ................... | Protection judiciaire de la jeunesse |
| P.P.M.S.J............ | Personne placée sous main de justice |
| PTSD ................. | Post traumatic stress disorder / État de stress post-traumatique |
| P.U.F. ................. | Presses universitaires de France |
| Rap...................... | Rapport |
| R.D.P.C............. | Revue de droit pénal et de criminologie |
| R.D.V................. | Rencontres détenus-victimes (milieu fermé) |
| R.C.V. ................ | Rencontre condamnés-victimes (milieu ouvert) |
| Rev..................... | Revue |
| Rev. sc. crim. ...... | Revue de science criminelle et de droit pénal comparé (ou R.S.C.) |
| R.I.C.P.T.S......... | Revue internationale de criminologie et de police technique |
| R.J.I.J. ................ | Restorative justice. An international journal (V. TIJRJ) |
| R.P.E.................. | Règles pénitentiaires européennes |
| R.P.S. ................. | Revue pénale suisse |
| S.A.D.J.A.V. ...... | Service de l'accès au droit et à la justice et de l'aide aux victimes |
| S.A.R.V.I. .......... | Service d'aide au recouvrement des victimes d'infraction |
| S.M.P.R.............. | Service médico-psychologique régional |
| S.P.I.P. ............... | Service pénitentiaire d'insertion et de probation |
| Suiv., ss.............. | Suivants(s) |
| Supra.................. | Ci-dessus |
| T.G.I.................. | Tribunal de grande instance |
| T.I.G.................. | Travail d'intérêt général |
| T.I.J.R.J............. | The international journal of restorative justice (V. RJIJ) |
| T.J. ..................... | Tribunal judiciaire |
| U.C.S.A............. | Unité de consultation et de soins ambulatoires |
| U.M.J. ................ | Unité médico-judiciaire |
| U.H.S.A. ............ | Unité hospitalière spécialement aménagée |
| U.H.S.I............... | Unité hospitalière de sécurité inter-régionale |
| U.M.D................ | Unité pour malades difficiles |
| Univ. .................. | Université |
| V. ....................... | Voir |
| V.O.M............... | Victim-offender mediation |

# Introduction

Réinventée il y a une quarantaine d'années dans les pays anglo-saxons au regard des dysfonctionnements majeurs que connaissent les Systèmes de justice pénale dans la plupart des pays au monde, la Justice restaurative (ailleurs dénommée réparatrice au Québec, restauratrice en Belgique) connaît un succès remarquable, autant auprès des personnes concernées par le crime commis que des acteurs socio-judiciaires chargés d'en gérer les multiples conséquences et, surtout, répercussions. Sans doute parce que la Justice restaurative a le souci de tous. Surtout parce que la Justice restaurative répond positivement aux attentes des justiciables – personnes infracteures, personnes victimes, proches et communautés d'appartenance – auxquelles, précisément les Systèmes de justice pénale contemporains ne répondent que très imparfaitement.

Les mesures de Justice restaurative offrent un espace inédit de dialogue, de parole, d'échanges entre les protagonistes du crime et, selon les mesures, en présence de leurs proches et/ou de membres de leur(s) communauté(s) d'appartenance. En son sein, chacun va pouvoir poser les deux questions essentielles qui le taraudent, à tous les stades la procédure. « Pourquoi ? » : pourquoi moi ; pourquoi toi ; qu'ai-je fait pour cela advienne ; qu'aurais-je dû faire pour l'éviter, notamment). « Comment ? » : comment vivre avec ce qui a détruit mes croyances en une société sûre, ayant du sens et à laquelle je participe ; comment reconquérir l'estime de soi ; revivre au sein de ma famille ;

reprendre le pouvoir sur tous les aspects de ma vie que le crime a profondément perturbés, principalement) [1].

Durant les échanges, les conséquences du crime, de la seule compétence du juge (sanction de l'un, indemnisation de l'autre) ne sont pas centrales. Au-delà du passé de la faute, il importe en effet de surtout privilégier l'avenir des personnes en se focalisant sur les répercussions du crime qui perdurent, malgré l'intervention judiciaire.

Ainsi, la Justice restaurative se trouve au cœur de l'Œuvre de justice, en totale complémentarité avec le droit criminel. Elle est donc susceptible d'épanouir ses promesses autant dans le champ de la prévention que dans ceux de la répression et du traitement du phénomène criminel. Elle doit pour autant respecter les normes internationales garantissant les droits humains ainsi que les principes fondamentaux du droit processuel pénal [2].

Portée par une philosophie humaniste, englobante, la Justice restaurative conduit à dynamiser, dans la complémentarité de leurs apports les plus constructifs, les fonctions traditionnelles de la peine : punition de l'acte [3], protection de la société, réhabilitation de la personne infracteure et réparation des dommages. En ce sens, la personne infracteure, la personne victime, leurs proches et les membres des communautés concernées sont invités à envisager, ensemble, les répercussions du crime éprouvé et à proposer des modalités de sortie du conflit de nature criminelle acceptables pour tous.

---

1. V. not. R. Ross, Pour une justice relationnelle », *In Les Cahiers de la* justice, Ed. Dalloz, 2006, pp. 127-142.

2. Sur cette complémentarité, V. not. A. Von Hirsh and alii (Eds.), *Restorative justice and criminal justice. Competing or reconcilable paradigms ?*, Hart pub., 2003, 348 p. ; L. Walgrave, From civilising punishment to civilising criminal justice : from punishment to restoration, *In* D.J. Cowell, J. Blad, M. Wright (Eds.), Civilising criminal justice. An international restorative agenda for penal reform, Waterside press, 2013, pp. 347-377 ; C. Cunneen, Reviving restorative justice tradition ?, *In* G. Johnstone, D. Van Ness (Eds.), *Handbook of restorative justice*, Willan pul., pp. 113-131 ; B. Sayous, *La Justice restaurative. Aspects criminologiques et processuels*, Thèse, 2016, Univ. Pau et Pays de l'Adour, multigraph., 698 p.

3. V. not. E. Jaffelin, *Apologie de la punition*, Ed. Plon, 2014, 300 p.

La Justice restaurative participe ainsi à la réalisation, tournée vers l'avenir de la restauration de l'Harmonie, d'un triple objectif : la resocialisation globale du condamné, la réparation globale de la personne victime, le rétablissement de la paix sociale. Ce n'est donc pas un hasard si les Institutions internationales [1] ou régionales [2] consacrent désormais des dispositions précises quant à ses conditions de mise en œuvre. Dans le même esprit, le Forum européen de Justice restaurative [3] développe des recherches, suscite, accompagne et évalue les programmes en cours. En France, l'intégration de la Justice restaurative dans le Système de justice pénale est en plein développement [4].

Le temps semble venu de substituer, enfin, au pessimisme de l'intelligence et de l'observation, l'optimisme de la volonté et de

---

1. V. Résolution 2002-12 adoptée le 24 juillet 2002 par le Conseil économique et social des Nations unies sur les *Principes de base concernant le recours à des programmes de justice réparatrice en matière pénale*, www.un.org.fr/ecosoc, confirmée par une Déclaration de l'Assemblée générale des Nations Unies lors de son 11e Congrès le 22 avril 2005 à Bangkok ; V. également le *Manuel sur les programmes de justice réparatrice* publié par l'Office contre la drogue et le crime, Vienne 2008, multigraph., *In* Série de manuels sur la réforme de la justice pénale, 107 p. ; Résolution n° 2 relative à *la mission sociale du système de justice pénale – justice réparatrice*, 26e Conférence des ministres européens de la justice, Helsinki, 7-8 avril 2005, *In* Soutien et aide aux victimes, *op. cit.*, pp. 203-205.

2. V. Directive du Parlement européen et du Conseil du 25 octobre 2012 « établissant des règles minimales concernant les droits, le soutien et la protection des victimes de la criminalité et remplaçant la décision-cadre du 15 mars 2001 ; V. également les nombreuses Recommandations du Conseil de l'Europe qui, pour n'avoir pas la même valeur impérative, n'en constituent pas moins des incitations remarquables à l'adoption d'un modèle plus restauratif de justice pénale, not. Recommandation (2018)8 du 3 octobre 2018 du Comité des ministres aux États membres « relative à la Justice restaurative en matière pénale » ; V. sur ces aspects, R. Cario, S. Ruiz-Vera, *Droit(s) des victimes. De l'oubli à la reconnaissance,* Ed. L'Harmattan, Coll. Traité de sciences criminelles, Vol. 9, 2015, p. 59 et s.

3. V. euforumrj.org.

4. V. *La Justice restaurative*, Pub. Min. Justice, multigraph., 2007, 61 p.

l'action [1]. Son avènement est longtemps demeuré timide en France. Une telle frilosité se comprend d'autant moins que notre droit criminel était prêt à l'accueillir, sans réforme substantielle. Une telle résistance à son intégration provient d'une interprétation erronée de la part des acteurs institutionnels qui ne peuvent en aucun cas craindre un glissement de pouvoirs dans la mesure où – et il s'agit là d'une condition *sine qua non* – la Justice restaurative s'inscrit à l'intérieur même et en totale complémentarité avec notre système de justice pénale actuel.

Avec beaucoup de pertinence, la loi Taubira du 15 août 2014 a introduit un article 10-1 dans les dispositions générales du code de procédure pénale (art. 10-1). La circulaire d'application du 15 mars 2017 en précise les modalités de mise en œuvre. L'ordonnance du 11 septembre 2019, dans le même esprit, consacre le droit pour les personnes mineures infracteurs de recourir à la Justice restaurative (art. L 13-4 du code de la justice pénale des mineurs).

Il est permis de soutenir que la Justice restaurative semble bien de nature à endiguer, pour le moins, la crise profonde que traverse notre Système de justice pénale, plus intéressé par l'éloge des promesses dont il est le gardien que par leur véritable respect [2]. Il est vrai que la mobilisation des modèles classiques de justice pénale (rétribution de l'acte, défense utilitaire de la société, réhabilitation de la personne infracteure), de manière souvent cumulative, n'offre guère de sens à la réaction pénale aujourd'hui à l'œuvre [3] (1). Un tel constat a conduit à la redécouverte, dans de très nombreux pays, dont la France, des promesses de la Justice restaurative. Dans la continuité néanmoins de ces modèles, la Justice restaurative inaugure une

---

1. Attribuée à A. Gramsci, cette belle formule est, selon ses écrits mêmes, empruntée à R. Rolland (« Il faut allier le pessimisme de l'intelligence à l'optimisme de la volonté »)(*In Lettres de prison* (1947), Ed. Gallimard, Coll. Témoins, 1971, p. 220.

2. V. A. Garapon, *Le gardien des promesses : le juge et la démocratie*, Ed. O. Jacob, 1996, 281 p.

3. V. sur ces aspects, R. Cario, C. Rossi, *Justice restaurative. Principes et promesses*, Ed. L'Harmattan, Coll. Traité de sciences criminelles, 2020-8, 203 p., en cours de publication.

restauration globale du lien social, par le souci de tous les protagonistes, par le souci de tous les torts causés (2). Le droit positif français a récemment intégré, très pertinemment, les caractéristiques essentielles des mesures restauratives, d'une manière inégalée jusqu'alors (3). Ces mesures, pour être diverses, reposent sur un protocole rigoureux afin de ne pas revictimiser les personnes souhaitant en bénéficier (4). Grâce à ce cadre, sécurisé, professionnalisé, des bienfaits évalués sont manifestes. Son inobservation conduit aussi à des dérives souvent sérieuses, particulièrement en France (5). Pour autant, la Justice restaurative est bien en ordre de marche et elle s'épanouit sur l'ensemble du territoire national (métropole et outre-mer) au travers d'un investissement massif et remarquable des acteurs de terrain (6).

# 1

# La redécouverte de la Justice restaurative en France

Il importe de souligner immédiatement que, très curieusement, la machine pénale tourne aujourd'hui encore à l'aveugle : elle ne définit ni le crime, ni la personne infracteure, ni la personne victime, ni la sanction. Une telle liberté avec l'objet même de sa raison d'être n'est pas spécifique à la France mais frappe la plupart des pays au monde. Elle est lourde de conséquences en laissant le champ libre à toutes sortes d'interprétations et en évacuant toute possibilité d'évaluation des objectifs à atteindre. Or chacun de ces concepts-clés de la justice pénale peut recevoir une définition synthétique, sans beaucoup de problèmes… sinon celui, notamment, de devoir par-là même reconnaître explicitement les insuffisances fonctionnelles et les dysfonctionnements structurels du système actuel.

Le ***crime***, au sens large de la pénologie, se matérialise par une atteinte à une valeur établie comme fondamentale pour la pérennité humaine, sociale et culturelle du groupe au sein duquel le conflit a ainsi émergé. Il ne s'agit là que d'une application logique et cohérente des principes de justice et d'utilité, seuls de nature à légitimer et opérationnaliser l'incrimination des actes et/ou des comportements prohibés [1].

La personne ***infracteure*** est naturellement la personne ayant commis un acte prohibé par la loi pénale. Et la multitude de qualifications qu'une personne est susceptible de se voir attribuer tout au long du procès pénal et lors de l'exécution des peines doit conduire à une telle généralisation. Des droits étrangers l'ont adoptée depuis longtemps : « *offender* » chez les anglophones, « *infractor* » dans le monde hispanophone. En matière de Justice restaurative, ce terme générique s'impose d'autant plus que des mesures restauratives peuvent être mises en œuvre, y compris lorsque des poursuites pénales ne peuvent pas être introduites ou ne doivent pas perdurer. Dans toutes ces situations, la seule certitude repose sur le constat évident que la personne concernée a commis une infraction.

La personne ***victime*** apparaît alors tout aussi logiquement comme une personne en souffrance(s). De telles souffrances doivent, en premier lieu, être personnelles (que la victimisation soit directe, indirecte ou collatérale ; individuelle ou collective ; atteigne une personne physique ou morale) ; réelles (c'est-à-dire se traduire par des blessures corporelles, des traumatismes psychiques ou psychologiques, des dommages matériels et/ou sociaux avérés), socialement reconnues comme inacceptables (transgression d'une valeur sociale essentielle ; événement catastrophique ; scandale sanitaire). Ces souffrances doivent encore, en second lieu, être de nature à justifier une prise en compte des personnes concernées, passant, selon les cas : par la nomination de l'acte ou de l'événement (par l'autorité judiciaire, administrative, sanitaire ou civile) conduisant à la séparation symbolique des protagonistes ; par la participation processuelle à la manifestation de la vérité ; par des informations d'ordre juridique, des soins médicaux, psychothérapeutiques, un accompagnement psychologique, social et/ou une

---

1. V. R. Cario, *Introduction aux sciences criminelles. Pour une approche globale et intégrée du phénomène criminel*, Ed. L'Harmattan, Coll. Traité de sciences criminelles, Vol. 4, 6è éd. 2008, p. 177 et s.

indemnisation [1]. Cette définition victimologique se cristallise sur les traumatismes et les souffrances de toutes origines, intensités et durées infligées de manière totalement illégitime et injuste aux personnes victimes dans leur dignité, leurs droits, leur corps, leur psychisme et leurs biens. Centrée sur la personne, pas seulement sur l'acte, peu importe, comme l'a souligné la Déclaration de l'ONU de 1985, que la personne infracteure soit ou non identifiée, arrêtée, poursuivie ou déclarée coupable, peu importe le lien de parenté avec cette dernière.

Dans un tel contexte notionnel, la ***sanction*** (entendue au sens large des peines et des mesures de sûreté) de l'atteinte à ces valeurs sociales essentielles d'où résultent les torts causés aux personnes victimes, consiste en l'infliction, par l'autorité judiciaire du groupe concerné ou ses représentants, d'une punition (incompatible avec toute forme de souffrance), à toute personne reconnue responsable pénalement. Elle est tendue vers la resocialisation de l'intéressé et, plus globalement, vers la restauration de l'Harmonie sociale [2].

De telles aberrations conceptuelles ne sont pas étrangères à la crise que connaît notre Système de justice pénale. Elle repose, comme partout ailleurs, sur deux principales raisons. Elles sont d'ordre pénologique ou criminaliste, au travers de la crise de la pénalité moderne (A) et victimologique au travers de la (re)connaissance, accrue car équitable, de la personne victime (B).

### A. La crise de la pénalité en France

Avant d'entrer dans le détail de ces sévères remises en cause, il importe de préciser que la Justice restaurative se doit de s'affranchir de trois sérieux et dangereux travers en résistant aux démons de l'abolitionnisme pénal et/ou criminologique, aux tentations du populisme victimaire et sécuritaire, comme au non

---

1. V. R. Cario, S. Ruiz-Vera, Victimes d'infraction, Encyclopédie juridique Dalloz, 2018, 11.

2. V. not. G. Kellens, *Punir. Pénologie et droit des sanctions pénales*, 2000, Ed. juridiques de l'Université de Liège, p. 7 et s.

respect des droits humains et des principes fondamentaux de procédure pénale. Mais pour autant et dans le même esprit, il convient de ne pas caricaturer la Justice restaurative en la croyant uniquement préoccupée par les personnes victimes. Ériger les souffrances de la personne victime comme paradigme de la Justice restaurative constitue une grave erreur. Son ambition est plus prometteuse : réparer tous les préjudices causés par le crime (à la personne victime certes, mais encore à la personne infracteure elle-même et à la communauté), responsabiliser tous les acteurs et promouvoir la restauration sociale (en termes de paix, de justice et de partage).

La crise de l'État pénal, du « tout répressif » est patente. Il n'empêche que des avancées considérables ont été acquises tout au long de cette lente évolution, précipitées depuis le siècle des Lumières et concrétisées par l'avènement récent des droits humains. Il ne saurait être question de les ignorer. Le système de justice pénale contemporain est en effet soucieux de respecter les droits des protagonistes en conflit en assurant la prééminence du droit et la protection des personnes Le procès pénal apparaît de plus en plus équitable et souvent efficace. Dans le même sens, la prise en compte de la personnalité des protagonistes (personne infracteure, personne victime et proches) et de leur environnement respectif, le souci de leurs attentes et la réponse à leurs besoins ont conduit à mettre à leur disposition des programmes d'accompagnement et de suivi (juridique, psychologique et social) dès la commission des faits jusqu'à leur réintégration la plus complète et harmonieuse possible parmi nous.

De multiples exemples illustrent clairement la crise de la pénalité que traverse la France. Les rares études d'opinion effectuées auprès des justiciables soulignent qu'environ la moitié d'entre seulement sont satisfaits par la réponse pénale (60 % des personnes victimes, moins de la moitié des personnes infracteures) [1]. L'inflation pénale – qui se grossit de surcroît

1. V. not. L. Cretin, L'opinion des Français sur la justice, *Infostat justice*, 2014-125 ; F. Trécourt, La justice déçoit d'autant plus qu'elle a été idéalisée, *In Cnrs Le journal*, 2020, lejournal.cnrs.fr.

d'enflure[1] – est si forte que les contentieux corrélatifs ne peuvent être utilement absorbés. Galopante, elle phagocyte la plupart des comportements de déviance et d'inadaptation psychosociale et culturelle, au risque de perdre de vue les atteintes aux valeurs sociales essentielles (crimes et délits graves commis avec violence, effraction, ruse ou abus de vulnérabilité), seules de nature à être pénalisées. Une telle stratégie d'appropriation populiste des conflits intersubjectifs enlève toute pertinence au nécessaire consensus qui doit présider à l'adoption des lois répressives. Pathologique, la logorrhée législative et réglementaire – récidivante voire incurable – est stigmatisée par tous[2], y compris par ses acteurs eux-mêmes[3]. Qualifiée « d'impressionnante » (10 249 incriminations dont 2 486 se trouvent dans le code pénal[4]), opaque (dans la mesure où nul ne connaît le nombre exact d'incriminations finalement), complexe et désuète (les juridictions pénales n'utilisent qu'environ 200 incriminations sur les 15 000 à leur disposition et 60 d'entre elles correspondent à 90 % des condamnations)[5]. Dans le même

---

1. V. J. Carbonnier, *Droit et passion du droit sous la Vè République*, Ed. Fammarion, 1997, p. 107 et s., spé. p. 109. L'auteur souligne encore, p. 136 qu' « avec le Code pénal, le trouble procéderait plutôt d'une impression d'accouchement perpétuel ».

2. V. Conseil d'État, *Rapport public 1991*, La Doc. Française, 1992-43, Coll. Etudes et documents, p. 19 ; J. Danet, Présentation, *In Le nouveau procès pénal après Perben II*, Ed. Dalloz, 2004, p. XIII et s. ; du même auteur, *Justice pénale : le tournant*, Ed. Gallimard Folio / Le Monde, 2006, p. 20 et s. ; La spéculation pénale enfle, crevons la bulle !, *In Hommes et libertés*, 2007-139, pp. 12-15 ; *Ibid.*, Cinq ans de frénésie pénale, *In* L. Mucchielli, (Dir.), *La frénésie sécuritaire. Retour à l'ordre et au nouveau contrôle social*, Ed. La Découverte, 2008, pp. 19-29, où est souligné que « de 2002 à 2007, quarante lois ont modifié le code de procédure pénale et trente le code pénal », p. 20 ; E. Rohde, « Trop de loi, tue la loi.... La jungle législative, *In Le Monde*, 24 janvier 2007, pp. 20-21 ; J.P. Jean, *Le système pénal*, Éditions La Découverte, Coll. Repères, 2008, p. 31 et s. ; R. Cario, Introduction aux sciences criminelles, *op. cit.*, p. 26 et s.

3. V. not. P. Roger, Parlementaires au bord de la crise de nerf, *In Le Monde*, 27 janv. 2010, p. 16.

4. V. P. Léger (Prés.), Comité de réflexion sur la justice pénale, 2009.

5. Y. Charpenel, *Les rendez-vous de la politique pénale. Concilier devoir de justice et exigence de sécurité*, 2006, coll. Sociétales, Armand Colin, p. 57 ; *Simplifions nos lois pour guérir un mal français*, Rapport J.-L. Warsmann, Assemblée nationale, 2009.

esprit, elle rend extrêmement difficile l'appropriation des textes par les praticiens eux-mêmes, pourtant chargés de les appliquer, trop de droit tuant le droit [1]. Comment expliquer de tels dysfonctionnements et insuffisances sinon par la montée récente d'un populisme pénal peu soucieux des protagonistes du crime ? En effet, la suralimentation du système est tellement forte qu'elle conduit à un taux de classement sans suite des plaintes, dénonciations et procès-verbaux de police judiciaire étonnant : dans huit cas sur dix, comme si le crime n'avait jamais existé ! Or « qui dit inflation dit dévalorisation : quand le droit bavarde, le citoyen ne lui prête plus qu'une oreille distraite » [2]. Et l'invention du « taux de réponse pénale », rassemblant les chiffres relatifs aux seules affaires poursuivables, ne change rien au constat ; au mieux il rassure artificiellement les justiciables dont la confiance en la Justice ne cesse de s'effriter [3]. La croyance irréfléchie dans la norme et dans sa prétendue fonction d'intimidation collective est battue en brèche [4]. Pour le plus grand bonheur des personnes infracteures échappant ainsi à la sanction attachée en principe à l'acte commis, pour le plus grand malheur des personnes victimes abandonnées subséquemment à leur victimisation.

Et si la problématique du manque peut être appelée en forme de justification, elle est loin de solder le compte de l'efficacité, pour le moins médiocre, de la sanction pénale. De surcroît, une telle politique pénale apparait extrêmement coûteuse. Le prix moyen d'une journée en détention est évalué à 120 € (500 € dans les Établissements pour mineurs), alors qu'une mesure exécutée au sein de la communauté est, *a minima*, deux fois moins onéreuse (placement en semi-liberté : 50 € ; placement extérieur : 31 € ; placement sous surveillance électronique fixe :

---

1. V. not. E. Jaffelin, Apologie de la punition, *op. cit.*, p. 171 et s.

2. V. Conseil d'État, *op. cit.*, p. 20.

3. V. R. Cario, Introduction aux sciences criminelles, *op. cit.*, p. 16 ; E. Sire-Marin, Statistiques judiciaires ou présentation d'un vrai faux bilan ?, groupeclaris.wordpress.com

4. V. en ce sens, G. Kellens, *op. cit.*, p. 61.

12 €) et proportionnée au contentieux délictuel caractéristique du phénomène criminel actuel [1].

Plus essentielle encore, une dépénalisation massive (légitime au regard des statistiques officielles disponibles avec tous les biais qu'elles comportent mais que tout un chacun utilise) des infractions de moindre gravité, représentant autour de 80 % des condamnations prononcées par les juridictions répressives, offrirait à tous les acteurs de la chaîne pénale des conditions de travail dignes d'un État démocratique. Le nombre d'affaires, de dossiers que chacun de ces acteurs doit traiter n'est plus tolérable, au risque même de *burn-out* pour nombre d'entre eux [2].

Ce gaspillage se comprend d'autant moins que le budget de la justice par habitant en France est consternant : 65,9 € par habitant. La dernière étude de la Commission européenne pour la justice (CEPEJ) indique que la France occupe, en 2016, la 14e place parmi les 28 États membres, loin derrière la Suède (214,8 €), l'Allemagne (122 €), les Pays-Bas (119,2 €), notamment. La mise en perspective du budget alloué par habitant au Système judiciaire au PIB par habitant permet de mieux mesurer l'effort budgétaire fourni par chaque pays : la France occupe toujours une médiocre place médiane au sein de l'Union européenne [3]. En hausse constante, mais toujours insuffisante, le budget pour la justice s'établit à 7,5 Mds € pour 2020.

L'intimidation individuelle de l'interdit pénal n'offre guère de meilleurs résultats. Bien que très souvent disproportionnée relativement à la gravité des faits commis (stabilisés

---

1. V. not. J.R. Lecerf, Avis sur le projet de loi de finances pour 2015, tome VIII, Administration pénitentiaire, pub. *Sénat*, 2014-14, 57 p. ; oip.org.

2. V. not. A.H. Boudoukha, M Hautkeete, S. Adellaoui, W. Groux, D. Garay, Burnout et victimisations : effets des agressions des personnes détenues envers les personnels de surveillance, *In L'encéphale*, 2011-37-4, pp. 284-292 ; Y. Bouagga, Le cœur de métier. Quand le travail social en prison devient probation, *In* D. Fassin et al., *Juger, réprimer, accompagner.*, Ed. du Seuil, 2013, pp. 201-236 ; Y. Vereycken, M. Ramioul, La qualité de l'emploi pénitentiaire coincée dans un cercle vicieux ? hesamag, 1er semestre-19, pp. 12-15.

3. V. Etudes n° 26, Ed. 2018 (données 2016), pub. CEPEJ, 338 p., spé. pp. 26-29 ; V. également D. Boesel, M. Crétenot, Ce que coûte la prison, *In Ajpén.*, 2016-11, 520-521.

massivement autour d'une délinquance d'appropriation), la réaction sociale s'affirme très sévère, la « prison ayant colonisé la peine » [1]. Et l'augmentation significative, ces dernières décennies (plus de 25 % en seulement 10 ans), de la stratégie de « prisonisation [2] (V. le volume record d'années de détention ferme prononcées en 2016) [3], est sans commune proportion avec la réalité du phénomène, les crimes ne représentant que 0,4 % des condamnations prononcées en 2018 par les juridictions répressives (2 300). Elle apparait tout autant sans effet sur le volume des transgressions, malgré une surpopulation carcérale endémique (Métropole et outre-mer) : 70 651 personnes détenues (dont 3,8 % de femmes) au 1er janvier 2020 pour 61 080 places opérationnelles, soit une densité carcérale [4] moyenne de 115 %, de 138 % en maisons d'arrêt ou quartiers de maison d'arrêt, 1 614 d'entre elles dormant sur un matelas posé à même le sol [5] et un tiers des cellules étant aujourd'hui encore considérées comme vétustes [6]. Parmi les personnes détenues, les prévenus en attente de procès représentent près de 30 % de l'ensemble ; 28 % chez les femmes et 80 % chez les mineurs. Le temps moyen d'incarcération est passé de 2 mois en 1970 à plus de 8 mois en 2019 [7].

Un tel bilan est insoutenable, indigne d'un État démocratique. Il est fermement dénoncé, à chacune de ses visites des lieux privatifs de liberté et spécialement des établissements

1. V. R. Merle, A. Vitu *Traité de droit criminel. Problèmes généraux de la science criminelle*, Tome 1, *Droit pénal général*, Ed. Cujas, 7è éd. 1997, p. 900, citant M. Foucault.

2. V. G. Kellens, *op. cit.*, p. 76 et s. et réf. citées.

3. V. M. Löwenbrück, L'évolution des peines d'emprisonnement de 2004 à 2016, *Infostat* justice, 2017-156, p. 3.

4. V. P. Tournier, *Dictionnaire de démographie pénale. Des outils pour arpenter le champ pénal*, Ed. L'Harmattan, Coll. Criminologie, 2010, 211 p.

5. V. *Mesure mensuelle de l'incarcération*, justice.gouv.fr ; V. Prison insider, prison-insider.com.

6. V. A. Marc, Projet de loi de finances pour 2018. Administration pénitentiaire. Avis au nom de la Commission des lois, Sénat, 23 nov. 2017.

7. V. sur ces aspects, M. Löwenbrück, *op.cit.*, 7 p. ; V. Cocuau, A. Brechard, *Les condamnations en 2018*, ministère de la justice, janv. 2020.

pénitentiaires, par le Comité européen pour la prévention de la torture et des peines ou traitements inhumains ou dégradants du Conseil de l'Europe (CPT), qui ne manque pas de renvoyer à l'article 3 de la CEDH qui les prohibe [1].

Ce n'est donc pas étonnant que 66 % des Français ont une vision sombre et inquiétante de l'univers carcéral. Pour les trois quarts d'entre eux (77 %), la privation pénale de liberté ne permet pas de lutter efficacement contre la récidive. Par contre, trois personnes interrogées sur cinq estiment que les aménagements de peine constituent un levier efficace pour la réduire. Non mise en cause dans ses fondements, la prison doit néanmoins profondément évoluer pour 71 % d'entre eux [2].

La sévérité de la réponse pénale au crime se mesure encore au travers du doublement de la durée moyenne de la peine délictuelle, de l'augmentation des peines privatives de liberté comprises entre cinq et dix ans, de la chute ahurissante des mesures de libération conditionnelle, principalement. Dans le même sens, le taux moyen de récidive, y compris pénitentiaire, s'inscrit à un niveau anormalement élevé, sauf à observer – et la remarque est essentielle – que la récidive criminelle demeure très exceptionnelle [3]. Et que penser de l'incarcération de plus en plus

---

1. V. dernier Rapport publié (2016), 82 p. et Réponse du Gouvernement, 85 p., coe.int/fr/web/cpt/france ; V. également, Sortir de (la) prison. Entre don, pardon et abandon, *In Revue du MAUSS*, 2012-40, et spé. « L'horreur carcérale » avec les contributions de J.M. Delarue, Continuité et discontinuité de la condition pénitentiaire, pp. 73-102 ; C. De Beaurepaire, La vulnérabilité sociale et psychique des détenus et des sortants de prison, pp. 103-124 ; A. Kensey, Que sait-on de la situation socioéconomique des sortants de prison ?, pp. 125-238 ; V. également le Rapport du CGPL sur la situation au Centre pénitentiaire de Nouméa, *In J.O.*, 18 décembre 2019, pp. 124-161 ; l'arrêt du 30 janv. 2020 de la Cour européenne des droits de l'homme, 5è section, *Aff. J.M.B. et autres c/ France*, pour violation des art. 3, 13, 46 de la CEDH.

2. V. Z. Belmokhtar, A. Benzakri, Les Français et la prison, *Infostat justice*, 2013-122.

3. V. not. S. Portelli, *Traité de démagogie appliquée*, Ed. Michalon, Coll. Régénération, 2006, 138 p. ; du même auteur, *Récidivistes. Chroniques de l'humanité ordinaire*, Ed. Grasset, 2008, 262 p. ; A. Kensey, Prison et récidive, *op. cit.*, pp. 161-219 ; A. Benaouda, A. Kensey, La récidive des condamnés à la perpétuité, *In Cahiers d'études pénitentiaires et criminologiques*, 2008-24, multigraph., pub. Administration pénitentiaire, 8 p.

fréquente de personnes dont le discernement était aboli au moment des faits ? Et le recours récent aux dispositifs ultra-sécuritaires tendant à l'allongement des délais de prescription, aux peines planchers (art. 132-19-1, abrogé par la loi du 15 août 2014) et/ou à la rétention de sûreté (y compris pour les mineurs) [1] ne changera rien à l'instrumentalisation de la politique criminelle à des fins de pénalisation massive de la pauvreté socioculturelle et économique de la plupart de nos concitoyens concernés par le crime. Sinon à davantage remplir encore nos prisons : de 1980 à 2020, la population pénale a plus que doublé : de 36 913 (France entière, personnes écrouées détenues et personnes écrouées non hébergées) à 82 860. Si le pourcentage des peines supérieures à cinq ans varie légèrement à la baisse au cours de cette dernière période, les peines inférieures à un an et celles comprises entre un et cinq ans progressent de manière très inquiétante, l'inutilité des très courts temps pénitentiaires n'étant plus à démontrer. Ainsi et contrairement à ce que pensait Montesquieu, la sévérité des peines ne convient pas qu'aux seuls gouvernements despotiques [2]. Une telle humiliation de la République, soulignée par de nombreux observateurs institutionnels, professionnels ou associatifs, n'est plus acceptable et encore moins inéluctable. D'autant plus que la criminalité violente contre les personnes est en diminution constante depuis des décennies (en ce sens, 2500 homicides volontaires étaient sanctionnés en 1850, contre 448 en 2018, alors que la population française a plus que doublé durant cette période) [3].

Or la morphologie du phénomène criminel ne justifie pas une telle sévérité. Quant aux actes, ils sont massivement délictuels,

---

1. V. art. 706-53-13 et s. C pp ; V. not. J. Rabaux, La rétention de sûreté ou « la période sombre de notre justice », *In JDJ*, 2008-274-4, pp. 36-48.

2. V. *L'esprit des lois*, Livre VI, Chap. IX, cité par G. Kellens, p. 107.

3. V. not. S. Pinker, *La part d'ange en nous. Histoire de la violence et de son déclin*, 2017, éd. Les Arènes ; Victimisations 2016 et perceptions de la sécurité, 2017, publ. ONDRP ; M. Lowenbrück, L'évolution des peines d'emprisonnement de 2004 à 2016, *In Infostat justice*, 2017-156 ; pour aller plus loin, V. L. W. Sherman, D. P. Farrington, B. C. Welsh, D. L. Mackensie (Eds.), *Evidence-based crime prevention*, 2006, Routledge, 456 p. ; M. Ricard, *Plaidoyer pour l'altruisme. La force de la bienveillance*, Ed. Nil, 2013, p. 488.

d'appropriation banale contre les biens, dont la possession est vantée indispensable dans nos sociétés d'hyper consommation. Quant aux personnes infracteures, elles proviennent massivement des populations précarisées, accablées de multiples pauvretés [1]. Dans de telles conditions, une attention très sérieuse doit être portée aux contours du « marché » du crime, dont les logiques, strictement économiques, perverses, semblent paralyser toutes réflexions et actions humanistes à l'égard des exclus de nos civilisations occidentales [2].

Le « tout carcéral » présente ainsi de réelles limites pénologiques, alors que, paradoxalement, les sanctions exécutées au sein de la communauté (prononcées actuellement dans à peine plus d'une condamnation sur dix) apparaissent non seulement plus proportionnées mais encore moins coûteuses (sinon pour les placements sous surveillance électronique), plus efficaces à ne pas désocialiser davantage les condamnés.

La perte de confiance dans le système de justice pénale, aggravée par une perception erronée de l'insécurité criminelle,

---

1. Sur cette forme de pénalisation de la misère, V. L. Wacquant, *Punir les pauvres. Le nouveau gouvernement de l'insécurité sociale*, Ed. Agora, 2004, 364 p. ; Note de la Fondation Copernic, *L'indigent et le délinquant. Pénalisation de la pauvreté et privatisation de l'action sociale*, Ed. Syllepse, 2008, p. 29 et s. ; D. Fassin et al., *Juger, réprimer, accompagner. Essai sur la morale de l'État*, Ed. du Seuil, 2013, p. 349 et s.

2. V. not. N. Christie, Conflict as property, *In* T. Newburn, *Key readings in Criminology*, Willan pub., 2009, pp. 712-719 ; N. Christie, Words on words, *In Restorative justice. An international journal*, 20131-1, pp. 15-19, and Ten responses to "Words on words", *Ibid.*, pp. 20-90 ; N. Christie, *Crime control as industry. Towards gulags, Western style ?*, Routledge Pub., 1993, 208 p. (Trad. française, *L'industrie de la punition. Prison et politique pénale en Occident*, Ed. Autrement Frontières, 2003, 221 p.) ; D. Salas, *La volonté de punir. Essai sur le populisme pénal*, Ed. Hachette, 2005, p. 103 et s. ; V. également J. Bichot qui évalue de manière audacieuse « le coût du crime et de la délinquance » à 5.6 % du PIB, soit à 115 Mds d'euros, 2010, institutpourlajustice.org ; Comp. T. Godefroy, *Le coût du crime. Règles de prudence méthodologique et perspectives de recherche*, 2011, cesdip.fr ; T. Gabor, *Coût de la criminalité et des interventions du système de justice pénale*, Rapport de recherche 2015-R022, securitepublique.gc.ca ; P. Lascoumes, C. Nagels, *Sociologie des élites délinquantes. De la criminalité en col blanc à la corruption politique*, E. A. Colin, 2014, p. 101 et s.

politiquement et médiatiquement diabolisée par rapport aux autres formes d'insécurité qui accablent certains de nos concitoyens les plus démunis, abusivement assimilée à la peur du crime provenant d'une expérience vécue de victimisation, est aujourd'hui patente. À un point tel que les personnes victimes, de plus en plus souvent regroupées en association de défense de leurs intérêts *a priori* légitimes, investissent avec d'autant plus de force la scène pénale qu'elles en ont été longtemps écartées.

### B. La (re)considération de la personne victime

Un tel échec dans la prise en charge des violences agies ou des souffrances subies provient de l'éclatement, du cloisonnement, de l'éparpillement des interventions judiciaires, psychologiques et sociales (au sens large), autant dans le domaine de la prévention que dans celui du traitement des conflits intersubjectifs.

La naissance de la victimologie, à partir des années 1950, va conduire à mieux considérer l'envers du crime, à rééquilibrer la balance au bénéfice de la personne victime. Les premières recherches en victimologie se sont focalisées sur la culpabilité de la personne victime dans le passage à l'acte. Avec excès, elles ont conduit à des typologies de victimes, de l'innocence à la provocation. Décriées par les victimologues féministes, elles ont eu pour heureuse conséquence de focaliser alors les recherches sur les actions à mettre en place pour venir en aide aux souffrances des personnes victimes, notamment de violences familiales et sexuelles. Dès la fin des années 1960 dans le monde anglo-saxon tout d'abord, puis sur le vieux continent vingt ans plus tard, se sont constitués des Services d'aide aux victimes, prônant l'approche globale et pragmatique de leurs besoins consécutifs au crime, aux plans matériel, informationnel, psychologique et social.

Les recherches victimologiques les plus récentes soulignent l'urgence d'une évolution radicale des politiques criminelles actuelles. En effet, l'inégalité sociale devant le crime est frappante : c'est au sein même des populations les plus dominées que se recrutent personnes infracteures et personnes victimes. Les crimes les plus graves sont commis dans le cadre de relations interpersonnelles privilégiées entre victimiseurs et victimisés : famille, quartier, travail notamment. Dans le même sens, la survictimisation est d'autant plus fréquente que les intéressés éprouvent à l'égard de leurs bourreaux des sentiments ambivalents, où l'amour et la haine se bousculent au gré des circonstances familiales, où la perversion de la domination conduit de la plainte à la culpabilité, voire au rejet de la personne victime par la communauté de travail par exemple. Plus troublant encore, les auteurs d'infractions les plus graves contre les personnes ont eux-mêmes été fréquemment victimes durant leur enfance ou adolescence, sans bénéficier d'accompagnement affectif, psychologique et social de nature à apaiser leurs souffrances [1]. Pour le moins, une telle incurie sociétale a fait le lit d'une reproduction intergénérationnelle de la violence, ardoise pivotante s'il en est [2], lors de la survenue de conflits intersubjectifs [3].

Néanmoins, les mentalités ont évolué à un rythme assez soutenu au cours des quarante dernières années et, parallèlement à cette prise en charge en provenance du milieu associatif privé, les droits des personnes victimes se sont affichés dans des textes d'origine réglementaire ou législative. La situation de la personne victime dans notre Système de Justice pénale apparaît aujourd'hui assez satisfaisante, quand bien même il y a toujours loin de la loi aux pratiques. Détentrice depuis le Code d'instruction criminelle du pouvoir de se constituer partie civile,

1. Sur ces aspects, V. not. M. Cusson, *La criminologie*, Ed. Hachette, Coll. Les Fondamentaux, 7è éd. 2017, 138 p., spé. p. 107 et s. ; R. Cario, Victimologie, *op. cit.*, Vol. 2-1, 4è éd. 2014, p. 190 et s. ; T. De Villette, *Faire justice autrement. Le défi des rencontres entre détenus et victimes*, Ed. Médiaspaul, 2009, p. 72 et s.

2. V. M.L. Martinez, Victime et œuvre de justice : éclairages de l'anthropologie relationnelle, *In* R. Cario (Dir.), *Victimes : du traumatisme à la réalité*, Ed. L'Harmattan, Coll. Sciences criminelles, 2002, pp. 305-344.

3. Sur ces divers aspects, V. not. A. Gaudreault, C. Rossi, Cinquante ans de victimologie : quelle place pour les victimes d'actes criminels dans la revue Criminologie de 1968 à aujourd'hui ?, *In Criminologie*, 2018-51-1.

y compris en cas d'inaction du Ministère public depuis 1906 [1], pour toutes les infractions depuis 1913 [2], assistée d'un conseil depuis 1921, la personne victime s'est vu offrir, tardivement, un véritable statut juridique, légitimé par les exigences du procès équitable (art. 6 CEDH). Le dernier et conséquent acte provient de la Loi du 15 juin 2000 (modifiée notamment par celles du 9 sept. 2002, 9 mars 2004, 12 décembre 2005, 15 mars 2007, 1er juillet 2008 et le Décret du 13 novembre 2007) [3]. Plus récemment, la Loi du 17 août 2015 récapitulant les droits des victimes, les a été très pertinemment intégrés dans les dispositions générales du code procédure pénale (art. 10-2 à 10-5).

Une telle (re)considération était inévitable car il importe de ne pas oublier que toute personne victime possède des droits, dès la survenue de la victimisation et avant même qu'elle ne décide d'engager une action contentieuse, d'un point de vue éthique (droits à la reconnaissance, à l'accompagnement et à réparation), victimologique (droits à accéder au droit et à la justice, gratuitement ; à l'information, à la protection et à l'aide sociale) et d'un point de vue processuel lorsqu'elle décide de porter l'affaire devant les tribunaux civils, la Commission d'indemnisation des victimes d'infractions (CIVI) ou le juge pénal.

Il demeure que la réparation de la personne victime est aujourd'hui encore assez exclusivement indemnitaire. Son accompagnement psychologique et/ou social, lorsqu'il est nécessaire, apparaît toujours très insuffisant. Il faut pourtant bien se convaincre que seule une approche globale des droits et des besoins de la personne victime lui permettra de retrouver sa

---

1. V. *Crim.* 8 déc. 1906, Placet (dit Laurent/Atthalin), *In D.* 1907, 1, 207, note F.T. et Rapport Laurent-Atthalin.

2. V. *Crim.* 25 juill. 1913, Suter/Suniard, *In* J. Pradel, A. Varinard, *Les grands arrêts du droit criminel*, Tome 2 : le procès, la sanction, Ed. Sirey, 3è éd. 1992, pp. 66-73.

3. V. sur ces points R. Cario, De la victime oubliée… à la victime sacralisée ?, *In Ajpen*, 2009-12, p. 491 ; R. Cario, S. Ruiz-Vera, *Victimes d'infraction*, Chronique, Encyclopédie juridique Dalloz, 2018, 53 p.

« plénitude »[1]. Un tel constat conduit bien sûr à rejeter toute politique criminelle fondée sur la pitié, prompte à instrumentaliser et à humilier celui/ceux qui en est/sont l'objet. Une telle posture, soucieuse de la singularité en souffrance (dans l'endroit comme dans l'envers du crime), permet aux intéressés et/ou à leurs proches, en tout cas à la personne victime de sortir de son statut juridique (inévitable) pour recouvrer le plus vite et plus harmonieusement possible son état de personne.

Nos sociétés modernes n'auraient-elles pas finalement les personnes victimes qu'elles méritent ? S'il en a été souvent ainsi, le débat doctrinal se crispe aujourd'hui autour du constat du prétendu « sacre » de la personne victime. Avec force de pertinents arguments, si tous les observateurs semblent se féliciter de l'évolution des droits des personnes victimes, ils paraissent également unanimes pour en dénoncer les « excès », les « dérives », les « effets pervers ». Que la société, désemparée par l'affaiblissement des grandes idéologies, par la perte de sens global conduisant à brouiller les grandes références normatives, par le développement de l'individualisme démocratique, par l'appel ou le retour aux communautarismes, par la crise des régulations sociales plus généralement, participe à la fabrication des « victimes » est vraisemblable[2]. Que les médias, en devenant le relais de telles évolutions, participent, depuis quelques années, à la co-construction de « l'insécurité »[3], à celle des « victimes » aujourd'hui, est peu discutable.

Mais de quelles personnes victimes parle-t-on véritablement ? De la personne victime « singulière » accompagnée au quotidien par les professionnels de terrain ou de la figure fantasmée d'une

---

1. V. A. Garapon, F. Gros, T. Pech, *Et ce sera justice. Punir en démocratie*, Ed. O. Jacob, 2001, p. 270.

2. V. not. T. Lévy, *L'éloge de la barbarie judiciaire*, Ed. O. Jacob, 2004, spé. pp. 147-185 ; D. Salas, L'inquiétant avènement de la victime, *In Sciences humaines*, Hors-série « Violences », 2004-47, pp. 90-93.

3. V. not. M. Dagnaud, Médias et violence. L'état du débat, *In Problèmes politiques et sociaux*, 2003-886, pp. 1-123 ; R. Cario, Médias et insécurité : entre droit d'informer et illusions sécuritaires, *In Rec. Dalloz*, Chron., 2004, pp. 75-80 et réf. citées.

personne victime « invoquée »[1] ? Car, dans le même temps, rares sont ceux en effet qui semblent se soucier de la réalité de la mise en œuvre des droits de la personne victime, de la réalité des souffrances subies par les protagonistes du crime éprouvé (personnes infracteures, personnes victimes et communautés d'appartenance), de la réalité des modalités de leur prise en charge et des moyens alloués, de la réalité des résultats concrètement obtenus au regard des objectifs pénologiques et victimologiques initialement ciblés. Ceux qui s'y attardent ne manquent pourtant pas de souligner que les prisons françaises constituent « l'humiliation de la République »[2] et que les personnes victimes demeurent toujours, « par insoutenable légèreté »[3], les éternelles oubliées de la justice[4].

S'il en a été souvent ainsi, l'opposition des pratiques entre l'endroit et l'envers du crime se cristallise actuellement sur le terrain des droits et attributs dont est supposé jouir chacun des deux titulaires directement engagés dans le conflit. Avec force, dans la crainte d'une quelconque instrumentalisation ou domination de l'une des parties sur l'autre, le débat s'enferme dans l'invective réciproque, stérile et contreproductive pour la défense de leur reconnaissance sociale respective. Si l'on ne peut nier l'influence des revendications des personnes victimes, il est caricatural, dans un tel contexte, de la désigner comme seule responsable de la dégradation des droits des condamnés. N'est-il pas fallacieux de prétendre, en ce sens, qu'être « victime » risque de devenir une « vocation, un travail à plein temps »[5], un

---

1. V. D. Salas, La volonté de punir, *op. cit.*, p. 18, 63 et s.

2. V. en ce sens J.J. Hyest, G.P. Cabanel, *Prisons : une humiliation pour la République*, Les Rapports du Sénat, 1999/2000-449, 2 vol., 224 et 551 p. (Annexes), senat.fr ; V. également Rapport J. Floch, *Situation dans les prisons françaises*, 2000-2521, assemblée-nationale.fr ; Collectif « octobre 2001 », *Comment sanctionner le crime ?*, Ed. Erès, Coll. Trajet, 2002, 150 p. ; X. Lameyre, D. Salas (Dir.), Prisons. Permanence d'un débat, *In Problèmes politiques et sociaux*, 2004-902, pp. 5-117.

3. V. D. Peyrat, *Éloge de la sécurité*, Ed. Gallimard/ Le Monde, 2003, p. 130 et s.

4. V. not. A. Jaffelin, Apologie de la punition, *op cit.*, 154 et s.

5. V. P. Bruckner, *La tentation de l'innocence*, Ed. Grasset, 1995, Livre de Poche, 13927, p. 113 et s., spé. p. 130.

« business » [1], un « sport national » [2] ? Qu'« idolâtrée, [la victime] aggrave un peu plus le déséquilibre au détriment de l'accusé » [3], que sa présence « bouleverse jusqu'à l'architecture du droit pénal » [4] et que sa « prépotence » [5] au cœur du procès fait « trembler toute notre culture juridique » [6], soumise à « la dictature de l'émotion » [7] ? Que la souffrance « sacro-sainte » [8] des personnes victimes, « contrairement à l'innocence », « ne se présume pas » : « elle se constate » et il n'est « actuellement pas décent » de la « mettre en doute » [9] ? Qu'adopter le point de vue de la personne victime, c'est s'engager sur une voie périlleuse entre tentation populiste et déni des droits des justiciables [10], fabriquer « des lois sur mesure » [11], transformer « la justice en vengeance au nom de la confusion entre droits des victimes et intérêt général » [12], alors qu'il « avait pourtant fallu des siècles

---

1. V. F. Casorla, La victime et le juge pénal, *In Rev. Pénitentiaire et de droit pénal*, 2003-4, pp. 639-648.

2. D. Abiker, *Le mur des lamentations : tous victimes et fiers de l'être*, Ed. Michalon, 2006, 281 p.

3. V. T. Lévy, Éloge de la barbarie judiciaire, *op. cit.*, p. 10 ; comp. A. Blanc, La question des victimes vue par un président d'Assises, *In AJpénal*, 2004-12, pp. 432-434 ; M. Konitz, Les mirages de l'hystérie victimaire, In *Libération*, liberation.fr/tribune/2007/09/03/100962 ; D. Salas, La justice bafouée, In *LDH*, 2010, p. 77.

4. V. M. Tubiana, Le champ des réformes, *In Hommes et libertés*, 2010-149, pp. 37-38.

5. V. M.L. Rassat, *Le droit pénal*, Ed. Dalloz, Coll. Connaissance du droit, 2005, pp. 139-143.

6. V. J. Coignard, citant, F. Gros, Une sacralisation des victimes qui embarrasse les juges, *In Libération*, 2 nov. 2004, p. 16.

7. V. G. Erner, *La société des victimes*, La Découverte, 2006, p. 204.

8. P. Robert-Diard, Sacro-saintes victimes, *In Le magazine du Monde*, 2014-69.

9. V. X. Pin, La privatisation du procès pénal, *R.S.C.*, 2002, pp. 245-256.

10. V. D. Salas, L'inquiétant avènement de la victime, *op. cit.*, p. 90 ; P. Robert-Diaz, Le plaignant souverain, *Le Monde des livres*, 3 déc. 2004-IV.

11. G. Beaussonie, Refus d'une consécration d'un « droit au procès pénal » pour les victimes d'une infraction, *In JCP*, 2011-46.

12. V. P. Dubois, La France défigurée, *In LDH Info*, 2007-169, p. 1.

pour arracher la justice pénale à la vengeance privée » [1] ? Dans une société « gouvernée » par la peur, où la « victime est reine », on pourrait par conséquent craindre que le système de justice pénale ne soit traversé par une « idéologie victimaire » [2]. La montée du populisme pénal, inexorable, ne peut ainsi qu'emballer la volonté de punir [3], le victimisme consistant de surcroît « à vouloir remplacer la solidarité par la charité » [4].

La société éprouverait-elle une peur si forte à l'égard des personnes victimes en général pour n'apercevoir dans leurs revendications qu'une résurgence de la vengeance la plus archaïque [5], de « mécanismes victimaires » plus ou moins conscients [6] ? Si la stratégie victimaire – loin d'être confirmée par les réalités de terrain [7] – doit être fermement dénoncée, il convient de bien mesurer qu'elle procède davantage du mépris, voire de l'humiliation, dont les personnes victimes sont encore trop fréquemment l'objet plutôt que d'une réactivation organisée de la vendetta la plus aveugle, se manifestant par « un

---

1. V. Note de la Fondation Copernic, *op. cit.*, p. 36.

2. V. D. Simonnot, Notre système pénal est traversé par une idéologie victimaire, *In Libération*, 8-9 oct. 2005, pp. 46-47.

3. V. D. Salas, *La volonté de punir. Essai sur le populisme pénal*, Hachette littératures, 2004, 287 p.

4. V. G. Erner, *op. cit.*, pp. 191-192.

5. V. not. J. Coignard, Une sacralisation des victimes qui embarrasse les juges, *In Libération*, 29 nov. 2004, p. 16 ; X. Molénat, Pourquoi tant de victimes ?, *In Sciences humaines*, 2005-156, p. 9 ; C. Ambroise-Casterot, Dissociation de l'action civile et recevabilité de l'action vindicative de la victime, *In Rev. Pénit.*, 2007-2, pp. 379-382 ; M. Giacopelli, Victimes et application des peines, *In Rev. Pénit.*, 2007-4, pp. 789-801.

6. V. à cet égard les travaux de R. Girard, not. *La violence et le sacré* (Ed. Grasset, 1972, Coll. Pluriel, 534 p.) ou *Le bouc émissaire* (Ed. Grasset, 1982, Coll. Pluriel, 315 p.).

7. V. Y. Charpenel, *op. cit.*, qui dénonce la « victimôlatrie » attribuée à un courant criminologique minoritaire, p. 230 ; V. *contra* R. Gassin qui s'inquiète des effets pervers du « mouvement victimophilique actuel », *In Criminologie*, 6è éd. Dalloz, Coll Précis, 2007, p. 236 ; D. Salas, Le droit pénal à l'ère du libéralisme autoritaire, *In* M. Massé, J.P. Jean, A. Giudicelli (Dir.), *Un droit pénal postmoderne ? Mises en perspectives des évolutions et ruptures contemporaines*, PUF, Coll. Droit et justice, 2009, pp. 114-115 ; J. Cotta, P. Martin, *La révolte des victimes*, Documentaire AV, InfraRouge, 2008.

rétributivisme punitif populiste »[1]. Loin d'être un « animal judiciaire »[2], « un agent martial de la répression »[3], un « acteur sauvage », « ventriloque »[4], la personne victime n'institue qu'exceptionnellement le *pretium doloris* comme « point final de sa thérapie »[5]. Si elle « envahit », voire « pollue », selon certains auteurs, le procès pénal jusqu'à le dominer et menacer « la sérénité des magistrats »[6], ce n'est certainement pas pour contribuer à « un jeu de massacre »[7], ou pour vider l'Œuvre de justice de sa substance[8], alimenter une « industrie »[9] ou installer installer un « empire »[10] du traumatisme, mais pour sortir de la détresse et retrouver son désir de vivre[11].

Et cela passe aussi par la reconnaissance de leur état de personne victime et leur réparation intégrale, par la nomination de la faute, par la sanction de l'auteur en vue de sa resocialisation. Il s'agit bien là des objectifs que promeut le procès équitable, consacré par l'article préliminaire du Code de procédure pénale :

---

1. V. Y. Cartuyvels, Les paradigmes du droit pénal moderne en « période postmoderne » : évolutions et transformations, *In* M. Massé et al. (Dir.), Un droit pénal postmoderne, *op. cit.*, pp. 94-95.

2. M.L. Rassat, *Traité de procédure pénale*, PUF, Coll. Droit fondamental, p. 252.

3. V. J. Carbonnier, Droit et passion du droit sous la Vè République, *op. cit.*, p. 147.

4. V. J. Danet, *Défendre. Pour une défense pénale critique*, Dalloz, Coll. États de droits, 2è éd. 2004, p. 246.

5. V. J. Gaillard, « Des psychologues sont sur place… », Ed. Mille et une nuits, Coll. Essai, 2003, p. 170.

6. V. J. Barillon, P. Bensussan, *Le désir criminel*, Ed. O. Jacob, 2004, pp. 91-130.

7. V. T. Lévy, *op. cit.*, p. 169.

8. V. D. Soulez Larivière, H. Dalle, *Notre justice. Le livre vérité de la justice française*, Ed. Laffont, 2002, pp. 309-313.

9. V. J. Danet, *Justice pénale, le tournant*, Gallimard Folio / Le Monde, 2006, p. 237 et s.

10. D. Fassin, R. Rechtman, *L'empire du traumatisme. Enquête sur la condition de victime*, Ed. Flammarion, 2007, 452 p.

11. V. M. Chollet, Reconnaissance ou sacralisation ? Arrière-pensées des discours sur la « victimisation », *Le Monde diplomatique*, 2007-9, pp. 24-25.

« *I. La procédure pénale doit être équitable et contradictoire et préserver l'équilibre des droits des parties... II. L'autorité judiciaire veille à l'information et à la garantie des droits des victimes au cours de toute procédure pénale* » [1]. Et quoi qu'on en pense, le travail de deuil ne commencera la plupart du temps que lorsque le juge, dans un jugement définitif, séparera les deux parties au procès pour qu'elles puissent continuer leur destinée humaine respective. Ainsi s'affirme la réalité symbolique du procès pénal conduisant à conforter l'humanité des personnes victimes, à les réinscrire dans la réciprocité juridique [2], loin de tout fantasme thérapeutique [3]. Ainsi s'affirme la réalité sociale du procès pénal favorisant la (ré)intégration sociale des protagonistes et, à travers elle, la pacification des communautés éprouvées.

Sans doute convient-il d'accueillir les prétentions des personnes victimes avec prudence. Et la surenchère victimaire, pour demeurer exceptionnelle, est bien réelle. Mais il est essentiel de rappeler qu'elle n'est pas la seule acteure du mouvement global de judiciarisation [4]. Le sens commun, ne reposant sur aucun constat scientifique par définition, recèle en ce sens de réels dangers : celui de l'instrumentalisation politicienne de la personne victime pour énerver toujours plus la répression pénale, celui de la confiscation de leur parole authentique par certaines associations de défense [5], celui de leur maintien prolongé dans le processus pénal, au-delà du jugement définitif, durant l'exécution des peines notamment. Raisons de

1. V. not. C. Lazerges, De l'écriture à l'usage de l'article préliminaire du code de procédure pénale, *In Mélanges en l'honneur du professeur Reynald Ottenhof. Le champ pénal*, Dalloz, 2006, pp. 71-87.

2. V. A. Garapon, F. Gros, T. Pech, *op. cit.*, p. 271.

3. V. La justice est-elle thérapeutique ?, *In Justice*, 2006-188, pp. 30-33 ; R. Badinter, Ne pas confondre justice et thérapie, *In Le Monde* 9-10 sept. 2007, p. 13 ; comp. X. Pin, La victime : définitions et enjeux, *In A.P.C.*, 2006-28, pp. 49-72, où l'auteur précise qu'à « défaut de pouvoir être thérapeutique, le procès pénal semble être au moins devenu sympathique ».

4. V. L. Dumoulin, Tous victimes, vers le tout judiciaire, *In Cahiers français*, 2013-376, pp. 66-71 ;

5. Dont la légitimité, pour la plupart d'entre elles, n'est pour autant pas à remettre en question. V. art. 2-1 à 2-24 C.PR.PEN..

plus pour l'associer, le plus tôt et le plus complètement possible, au procès pénal, à la manière de son implication, durant de longs siècles, dans des modalités beaucoup plus participatives de régulation des conflits. La philosophie de la Justice restaurative peut y contribuer au travers des mesures qu'elle promeut, à toutes les phases de la procédure pénale et lors de l'exécution des peines.

# 2

## Généralités sur la Justice restaurative

De multiples définitions de la Justice restaurative sont aujourd'hui proposées, attestant l'intérêt majeur que lui porte la doctrine contemporaine (A). Cependant, ses caractéristiques essentielles reposent sur des principes clés, pas toujours bien assimilés par ses détracteurs (B).

### A. Définitions de la Justice restaurative

L'Assemblée générale des Nations Unies a été appelée à se prononcer sur l'adoption de principes fondamentaux concernant le recours à des programmes de justice réparatrice en matière pénale [1], que d'autres textes internationaux ou régionaux ne cessent de perfectionner en vue de leur application universelle [2].

---

1. La définition adoptée par le Conseil Economique et Social de l'ONU en 2002, validée lors du XIè Congrès des Nations Unies en 2005 est la suivante : la justice « réparatrice » est constituée par « tout processus dans lequel la victime et le délinquant et, lorsqu'il y a lieu, toute autre personne ou tout autre membre de la communauté subissant les conséquences d'une infraction participent ensemble activement à la résolution des problèmes découlant de cette infraction, généralement avec l'aide d'un facilitateur ».

2. V. Directive du 25 octobre 2012 du Parlement européen et du Conseil : « … tout processus permettant à la victime et à l'auteur de l'infraction de participer activement, s'ils y consentent librement, à la solution des difficultés résultant de l'infraction pénale, avec l'aide d'un tiers indépendant » ; la Recommandation (2018)8 du Conseil de l'Europe a adopté la définition suivante : « tout processus permettant aux personnes qui ont subi un préjudice résultant d'une infraction et aux responsables de ce préjudice de participer activement,

Et les contours opératoires de la Justice restaurative, nettement identifiables, permettent de pointer précisément les bienfaits qu'elle procure au système de justice pénale tout entier. Dans la doctrine, d'une manière générale, les définitions de la Justice restaurative s'attachent les unes aux processus à mettre en place, les autres aux résultats à atteindre [1].

Sans aucune prétention exhaustive, il convient de présenter les définitions aujourd'hui les plus consensuelles. La traduction du concept de « *restorative justice* » ne fait pas l'objet d'un consensus dans la francophonie, certains préférant à la traduction littérale, conduisant à un anglicisme, l'expression de « justice réparatrice » (Québec) ou de « justice restauratrice » (Belgique), en tous points comparables. S'il faut trancher, suivons le Petit Robert : « restaurar » c'est guérir. Or la guérison (*healing*) apparaissant comme l'un des piliers fondamentaux de la *restorative justice*, le modèle dont il s'agit ici est bien celui de la Justice restaurative.

Plus significativement, la qualité « restaurative » des programmes concernés dépasse la simple dimension individuelle car elle contribue, au-delà de la « réparation » matérielle, psychologique ou sociale des intéressé(e)s – personnes victimes, personnes infracteures et leurs familles respectives – au rétablissement de la paix sociale au sein de la communauté victimisée. Les modalités de « réparation » mises ainsi en œuvre ne sont donc que des instruments au service d'un objectif plus global : la restauration de l'harmonie sociale [2].

---

s'ils y consentent librement, au règlement des problèmes résultant de l'infraction, avec l'aide d'un tiers qualifié et impartial (ci-après le « facilitateur »).

1. V. not. I. Vanfraechem, L. Walgrave, Les conférences de groupe familial, *In Les cahiers de la justice. Revue semestrielle de l'ENM*, 2006-1, pp. 153-174 ; M. Jaccoud, Innovations pénales et justice réparatrice, *In Rev. Champ pénal*, 2007-4, champpenal.revues.org

2. V. sur ce point B. Archibald, La Justice restaurative : conditions et fondements d'une transformation démocratique en droit pénal, *In* M. Jaccoud (Dir.), *Ibid.*, pp. 119-157.

La définition proposée par Tony F. Marshall semble faire l'unanimité [1]. Pour lui, « *the restorative justice is a process whereby parties with a stake in a specific offence collectively resolve how to deal with the aftermath of the offence and its implications for the future* ». La Justice restaurative serait ainsi un processus par lequel les parties concernées par une infraction donnée décident en commun de la manière de réagir aux conséquences de l'infraction ainsi qu'à ses répercussions futures.

Howard Zehr, refondateur de la Justice restaurative, souligne qu'elle « est un processus destiné à impliquer, le plus possible, ceux qui sont concernés par la commission d'une infraction particulière, à identifier et répondre collectivement à tous les torts, besoins et obligations dans le but de réparer les préjudices et de rétablir l'harmonie sociale la meilleure possible » [2].

Finalement et de manière provisoire, la confrontation des définitions disponibles [3] aux expériences de terrain devrait conduire, au-delà de la recherche d'une définition universelle (toujours sclérosante), à vérifier la présence des éléments suivants lors de la mise en œuvre (ou de l'évaluation) des mesures s'affichant comme restauratives, caractérisant cet espace de dialogue, de paroles et d'échanges entre tous les

---

1. *Restorative Justice. An overview*, Home Office Pub., Research Development and Statistics Directorate, multigraph., 1999, 36 p. ; rééd. *In* T. Newburn (E.), *Key readings in criminology*, Willan publishing, 2009, pp. 719-725 ; La justice restauratrice. Vue d'ensemble, *In* T. Gailly, *La Justice restauratrice*, Ed. Larcier, 2011, pp. 147-173.

2. V. *The little book of restorative justice*, Good books Pub., 2002, p. 37 : « *Restorative justice is a process to involve, to the extent possible, those who have a stake in a specific offense and to collectively identify and address harms, needs and obligations, in order to heal and put things as right as possible* » ; cette definition évolue dans la mise à jour de ce livre en 2015 : " *Restorative justice is an approach to achieving justice that involve, to the extent possible, those who have a stake in a specific offence or harm to collectively identify and address harms, needs, and obligations in order to heal and things as right as possible*", p. 48 ; V. également, Changing lenses, 2015, *op. cit.*, pp. 235-243 ; sur l'œuvre d'H. Zehr, V. not. R. Cario, 'Changing lenses. Autour de l'œuvre de Howard Zehr', *In Les cahiers de la justice, Revue d'études de l'ENM*, Ed. Dalloz, 2005-1 ; H. Zehr, *La Justice restaurative. Pour sortir des impasses de la logique punitive,* Ed Labor et Fides, Coll. Le champ éthique, 2012, p. 62.

3. Pour aller plus loin, V. R. Cario, C. Rossi, *op. cit.*, 2020, Chap. 1.

protagonistes et/ou les personnes impactées. Inscrites dans un processus dynamique, elles supposent la participation volontaire de tou(te)s celles et ceux qui s'estiment concerné(e)s par le conflit de nature criminelle, afin de négocier, ensemble, par une participation active, en la présence et sous le contrôle d'un « tiers justice » et avec l'accompagnement éventuel d'un « tiers psychologique et/ou social », les solutions les meilleures pour chacun, de nature à conduire, par la responsabilisation des acteurs, à la réparation de tous afin de restaurer, plus globalement, l'Harmonie sociale.

## B. Caractéristiques essentielles de la Justice restaurative

La mise en œuvre de la Justice restaurative conduit à des ruptures épistémiques fondamentales par rapport au Système de justice pénale actuel, à un triple point de vue : criminaliste, processuel et pénologique. Traditionnellement, l'intervention du juge pénal repose sur la commission d'un acte, considéré prioritairement comme une atteinte à l'État. Pour justifier la répression d'une infraction, déjà commise par définition, il prend en charge les seules conséquences de l'acte : sanction et indemnisation. La Justice restaurative, sans les négliger, prend davantage en compte les répercussions de cet acte sur l'avenir de toutes les personnes concernées. Si les protagonistes au conflit demeurent largement passifs dans la procédure pénale actuelle ambitionnant de résoudre le conflit, ils peuvent devenir très actifs dans la régulation de celui-ci, dès après la commission des faits, de surcroît en complémentarité avec le procès pénal. Quant à la nature même de la fonction de l'intervention sociopénale, elle diffère profondément : neutralisation massive des personnes infracteures *versus* (ré)intégration massive de toutes les personnes impactées par le crime. De telles ruptures épistémiques fondamentales s'appuient sur des principes clés (1°) bien éloignés des fantasmes véhiculés parfois autour de leur mise en œuvre concrète (2°).

### 1°) Les principes clés d'action selon Howard Zehr

Sous la plume avisée d'Howard Zehr, des principes essentiels ont été identifiés, tous caractéristiques de la Justice restaurative, dont il est l'un des premiers promoteurs [1].

Car si le crime est une atteinte aux personnes et aux relations interpersonnelles, comme la plupart de nos sociétés traditionnelles le comprennent [2], c'est parce que tous les humains sont « interconnectés », qu'ils entretiennent, depuis toujours, d'inévitables relations intersubjectives [3]. Alors, si le crime blesse ces interconnexions – le mal causé à l'un atteignant tous les autres – il est aussi le symptôme d'un déséquilibre de ce réseau relationnel. Par conséquent, des responsabilités et des obligations mutuelles caractérisent ces interrelations et, lorsqu'un mal est fait, toutes les parties concernées doivent être impliquées et réparées.

En s'intéressant aux torts eux-mêmes mais encore à leurs causes, la Justice restaurative offre une grille de résolution et de régulation des conflits plus englobante que le système classique. La philosophie restaurative repose, en ce sens, sur cinq principes-clés d'action, tous organisés autour des valeurs d'interconnexion des êtres humains – sans nier les particularismes individuels – et de respect mutuel [4].

---

1. R. Cario, "Changing lenses". Autour de l'œuvre d'Howard Zehr, *In Les cahiers de la justice. Revue semestrielle de l'ENM*, 2006-1, pp. 45-58.

2. V. sur ces points les pertinents développements d'Howard Zehr, Changing lenses (2015), *op. cit.*, pp. 101-128.

3. *In* The little book of restorative justice, *op. cit.*, pp. 29 et s. ; V. D. Tutu, *Il n'y a pas d'avenir sans pardon. Comment réconcilier après l'Apartheid ?*, E. A. Michel, 2000, p. 59, à propos du concept d'Ubuntu.

4. V. sur ces points, Changing lenses : a new focus for crime and justice, *op. cit.*, p. 177 et s. ; The little book of restorative justice, *op. cit.*, p. 19 et s., pp. 64-69 ; V. également D. Cooley, De la justice réparatrice à la justice transformatrice, Commission du Droit du Canada, 1999, p. 27 et s. ; J. Braithwaite, Principles of Restorative justice, *In* A. Von Hirsh, J.V. Roberts, A. Bottoms, K. Roach, M. Schiff (Eds), *Restorative justice and criminal justice. Competing or reconcilable paradigm?*, Hart publishing, 2003, pp. 1-20.

### *1. Focaliser sur les torts et les besoins consécutifs, aussi bien des personnes victimes que des communautés et des personnes infracteures*

Contrairement au système classique, la Justice restaurative ne se focalise pas exclusivement sur les normes violées au préjudice de l'État, car le crime est avant tout un tort fait aux personnes et aux communautés d'appartenance, que la personne infracteure soit ou non arrêtée. Tous doivent faire l'objet d'une réparation, y compris la personne infracteure dont l'anamnèse indique, pour nombre d'entre eux, l'existence d'expériences traumatiques antérieures.

### *2. Déterminer les obligations qui découlent de ces torts*

Atteinte aux relations intersubjectives, le crime est susceptible d'impliquer au-delà du couple pénal. En ce sens, la culpabilité et la responsabilité de la personne infracteure ne se résument pas au prononcé et à l'application de la sanction prévue par la loi. Les interrelations victime/victimiseur s'inscrivent dans une situation très souvent complexe qu'il convient de modifier. Elles interviennent encore dans un contexte socioculturel plus large dont il faut absolument tenir compte. Il est essentiel alors pour tous de comprendre, d'admettre les torts et de s'engager à les redresser autant que possible, tant au plan personnel, matériel que symbolique.

### *3. Mettre en œuvre des procédures d'inclusion, de collaboration*

Dans la mesure où le crime a des impacts directs et secondaires, il importe d'inclure tous ceux qui ont eu à souffrir de ses conséquences et répercussions. Une collaboration adéquate entre tous ceux qui ont à connaître, à souffrir des conséquences du crime et souffrent encore de ses répercussions est absolument nécessaire : les organes de poursuite et de jugement, la personne infracteure, la personne victime et leurs proches, les membres de la communauté. Elle doit se manifester par des échanges d'informations, des rencontres éventuelles et, le plus souvent possible, par une réflexion commune sur la nature des réparations à mettre en œuvre et les conditions du rétablissement de l'harmonie sociale.

### *4. Impliquer tous ceux qui possèdent un intérêt légitime : Personnes victimes, personne infracteure, membres de la communauté, société*

Les magistrats occupent aujourd'hui une place centrale tout au long du processus pénal. A contrario, l'implication des acteurs directs de l'infraction demeure encore très insuffisante. On attend de la personne infracteure qu'elle reconnaisse sa responsabilité et assume sa peine. De la personne victime, qu'elle apporte la preuve des préjudices subis. Or l'un et l'autre doivent pouvoir s'exprimer sans réserve sur le crime, faire valoir l'ensemble de leurs traumatismes (passés, présents et à venir). Des rencontres, associant le cas échéant, personne infracteure, personne victime, famille, référents, témoins, membres de la communauté et/ou professionnels concernés, devraient être, en ce sens, favorisées pour permettre à chacun et à tous d'être impliqué(s), à la place qu'il(s) occupe(nt), dans la recherche des solutions pour sortir du conflit cristallisé par le crime [1].

### *5. Chercher à redresser les torts*

Conformément à ce principe, il s'agit de tout mettre en œuvre pour que tous les torts causés à la personne victime, à la communauté et à la personne infracteure soient réparés (*to seek to put right the wrongs*). Il est en ce sens de la responsabilité de la personne infracteure de prendre une part active dans la réparation des préjudices causés à la personne victime, voire à la communauté. C'est bien d'une posture de responsabilisation qu'il s'agit. La réparation peut être matérielle et/ou symbolique. Dans les cas les plus graves, elle est cependant rarement intégrale. Si

---

1. V. not. Manuel sur les programmes de justice réparatrice, *op. cit.*, « Les participants au processus de réparation », pp. 59-66.

tous les efforts déployés pour en finir avec cette expérience de victimisation – n'appartenant qu'à la personne victime – sont généralement très appréciés, une part d'irréparable demeurera le plus souvent.

Il est aussi de la responsabilité de la communauté d'encourager et d'aider la personne infracteure à réparer la personne victime. Et à se réparer lui-même dans de très nombreux cas, pour avoir souffert de victimisations non prises en compte de manière satisfaisante par le passé. Le passage à l'acte criminel peut alors être vécu comme une manière de se rendre justice ou comme la réactivation inconsciente d'un traumatisme ancien. La communauté doit encore combattre les situations ayant conduit au crime en participant à la prévention/réduction des facteurs de risque qui ont pu conduire au crime, facteurs d'ordre personnel à la personne infracteure ou plus généralement situationnels et au renforcement des facteurs de protection. Et parmi ces derniers, la participation à une mesure restaurative en est un, puissant, pour tous les participants.

Finalement, les actions mises concrètement en œuvre doivent conduire à une forme de clôture du conflit. La Justice restaurative encourage ainsi toutes les actions dont le résultat est la promotion de la responsabilité, de la responsabilisation, de la réparation et de la guérison de tous.

## 2°) Les contours opératoires de la Justice restaurative

Un tel corpus de déclarations plus ou moins formelles repose très heureusement sur un ensemble de programmes actuellement (re)mis en œuvre. Il convient alors de bien marquer ce que la Justice restaurative n'est pas. Il est essentiel en effet de se convaincre que nombre de critiques aujourd'hui adressées à la Justice restaurative sont absolument sans aucun fondement [1]. Avec

---

1. A. Morris, Critiquing the critics. A brief response to critics of restorative justice, *In British Journal of Criminology*, 2002-42-3, pp. 596-615 ; H. Zehr, B. Toews (Eds.), *Critical issues in restorative justice*, Criminal justice press / Willan publishing, 2004, 417 p. ; G. Johnstone, Critical perspectives on

beaucoup de pertinence, c'est encore Howard qui a le mieux systématisé, dans l'un de ses derniers ouvrages, ce que la Justice restaurative n'est pas, avec le souci de rappeler que tous les programmes mis en œuvre ne sont pas automatiquement transposables mais que tous doivent respecter des principes de bases [1].

La Justice restaurative n'est pas essentiellement orientée vers le pardon et la réconciliation, tout d'abord. Si les mesures retenues offrent un contexte bien plus propice que le système traditionnel, pardon et réconciliation demeurent toujours à l'appréciation, intime, libre et souveraine des participants.

Ne reposant sur aucun protocole clinique, la Justice restaurative n'a aucune ambition thérapeutique. C'est précisément parce que la méthodologie mise en œuvre offre un espace de parole, libre et sécurisé, qu'un cheminement vers l'apaisement, toujours différentiel, au bénéfice des participants est possible. Leur préparation aux échanges (autour de leurs motivations et attentes) devient en ce sens fondamentale afin qu'ils apprivoisent pleinement (dans une stratégie d'*empowerment*) le dispositif restauratif choisi.

La Justice restaurative n'est pas davantage réductible à la médiation, telle qu'elle est mise en œuvre actuellement : pas souvent choisies de manière éclairée et appropriée, insuffisamment professionnalisée. La Justice restaurative peut, quant à elle, être aussi utile au cas d'absence, d'impossibilité ou de refus d'une partie, la médiation étant alors par définition impossible.

La Justice restaurative n'est pas essentiellement dédiée à la réduction du récidivisme ou des infractions multiples (*repeating crimes*). Elle est en priorité mise en œuvre parce qu'il est légitime de prendre en compte les besoins des personnes victimes, d'encourager les personnes infracteures à assumer leur

---

restorative justice, *In* G. Johstone, D. Van Ness (Eds), *Handbook of restorative justice*, Willan publishing, 2007, pp. 598-614.

1. V. The little book of restorative justice, *op. cit.*, p. 13 et s.

responsabilité, d'impliquer tous ceux qui sont concernés par le crime.

La Justice restaurative ne repose pas sur une matrice, un *blueprint*. Il n'existe pas de modèle idéal, transposable dans toutes les sociétés. Concept et pratique en construction, la Justice restaurative doit s'adapter aux différentes cultures et être appropriée par elles : elle est « une boussole, pas une carte ». Au minimum, la Justice restaurative doit être une invitation au dialogue et à l'innovation.

La Justice restaurative ne saurait être essentiellement réservée aux infractions de faible gravité (incivilités, manquements à la discipline sociale) ou aux personnes infracteures primaires. Bien au contraire, les principes de Justice restaurative, lorsqu'ils sont appliqués sérieusement par des professionnels spécialement formés, conviennent aux cas les plus graves.

La Justice restaurative n'est ni nouvelle ni exclusivement Nord-américaine. Certes réintroduit dans les années 1970, le mouvement doit beaucoup aux Premières Nations d'Amérique du Nord, de Nouvelle-Zélande, d'Océanie, d'Afrique principalement. Mais plus largement, ses racines sont profondément plongées dans l'histoire pluri-culturelle de l'humanité tout entière.

La Justice restaurative n'est pas nécessairement une alternative à la prison. Par les principes qu'elle promeut, la Justice restaurative participe certes à la réduction du recours très abusif à l'emprisonnement, notamment de courte durée. Mais les mesures de Justice restaurative peuvent aussi être mises en œuvre en complémentarité ou en parallèle à la peine privative de liberté au regard de la gravité des actes commis.

La Justice restaurative n'est ni une panacée, ni nécessairement un modèle destiné à remplacer le système actuel. En effet, le crime présente une double dimension : publique et privée. Pour éviter que la dimension publique (de la compétence de l'État) ne l'emporte, Howard Zehr propose de considérer que le crime a bien davantage une dimension sociétale et une dimension plus locale et personnelle. En considérant mieux la dimension individuelle, la Justice restaurative cherche à atteindre un meilleur équilibre dans la manière dont est vécue, au plus près des intéressés, l'expérience de justice.

Ces divers constats sont incontestablement de nature à éviter toute interprétation erronée, voire abusive, de la philosophie et des pratiques caractéristiques de la Justice restaurative. Ils permettent par là même de confirmer, sans beaucoup d'équivoque, les promesses que le modèle restauratif est susceptible de tenir, offrant ainsi au Système de justice pénale contemporain la possibilité d'épanouir davantage encore l'Œuvre de justice.

# 3

# Le droit positif français relatif à la Justice restaurative

L'intégration de la Justice restaurative dans l'arsenal législatif français a sans doute été plus tardive que dans d'autres pays. Des expérimentations ont néanmoins conduit le législateur à introduire, par petites touches successives, la philosophie de la Justice restaurative (A), pour enfin la consacrer, très récemment, sous la pression certes de textes internationaux ou régionaux plus ou moins contraignants (B).

## A. Les prémisses législatives de la Justice restaurative en France

Mise à part l'introduction dans notre droit de dispositifs que l'on a pu qualifier improprement de restauratifs, ou qui ne le sont pas/plus de manière aboutie aujourd'hui encore dans les pratiques, la question restaurative n'est apparue dans la doctrine française qu'au milieu des années '90 [1].

1. J. Faget, *La médiation. Essai de politique pénale*, 1996, Ed. Erès, 210 p. ; R. Cario, *Jeunes délinquants. À la recherche de la socialisation perdue*, 2è éd. 2000, Ed. L'Harmattan, 416 p. ; J.-P. Bonafé-Schmitt et al. (Dir.), *Les médiations, la médiation*, Ed. Erès, Coll. Trajets, 302 p.

C'est dans le cadre d'une session de formation continue dispensée au sein de l'École nationale de la magistrature que s'est tenu, à Paris en 2002, le premier colloque international sur la Justice restaurative [1]. Quelques années plus tard, en 2008, l'Institut national d'aide aux victimes et de médiation (INAVEM) organise ses 13e Assises annuelles sur le thème « De la réparation à la restauration ». La présentation par des praticiens québécois de mesures restauratives à l'œuvre, notamment au Québec, va conduire à la première expérimentation d'une session de rencontres détenus-victimes (RDV) au sein de la maison centrale de Poissy, en partenariat avec le SPIP, l'INAVEM (devenu France-victimes), l'ENAP et des personnalités à l'initiative de la création, en 2013, de l'IFJR [2]. Des cercles de soutien et de responsabilité (CSR) sont ensuite expérimentés au sein du même Service pénitentiaire d'insertion et de probation des Yvelines en 2014, pionnier en la matière. D'autres initiatives vont naître dans le Val-d'Oise la même année dans le cadre de rencontres condamnés-victimes (RCV), en partenariat entre l'APCARS, l'INAVEM et l'IFJR.

La Conférence de consensus sur « La prévention de la récidive », initiée en 2013 par Christine TAUBIRA, ministre de la Justice, a été l'occasion de débattre de la question restaurative. Un témoignage d'une grande richesse de la part d'une personne victime ayant participé à la première session de RDV de Poissy en 2010 a particulièrement interpellé le public, présent en très grand nombre. S'ensuivit une présentation de la philosophie de la Justice restaurative et des mesures qu'elle promeut [3]. Déjà installée doucement dans le paysage pénal et pénitentiaire, la Justice restaurative est consacrée par l'adoption de la loi du 15 mars 2014.

---

1. L. Walgrave, La Justice restaurative, un duo ou un duel, *In* R. Cario [Dir.], *Victimes : du traumatisme à la restauration*, 2002, Ed. L'Harmattan, pp. 275-303.

2. R. Cario, La Justice restaurative : de l'utopie à la réalité, *In* R. Cario, P. Mbanzoulou (Dir.), La Justice restaurative, *op. cit.*, p. 9 et s.

3. gip-recherche-justice.fr/conference-consensus/wp-content/uploads/2013/01/contrib_cario.pdf.

Les organismes nationaux ou régionaux de Justice restaurative sont aujourd'hui très peu nombreux en France. Au niveau associatif, deux fédérations sont investies dans le champ restauratif, dans le respect plus ou moins prononcé des principes fondamentaux de la Justice restaurative : France-Victimes [1] et Citoyens et Justice [2]. Une Association nationale de la justice réparatrice a vu le jour en 2010 mais ne semble aujourd'hui plus active. En 2014, une plate-forme nationale pour la Justice restaurative a été créée, groupe de réflexion composé de personnes en lien avec les problématiques de l'aide aux victimes et de la prise en charge des personnes infracteures. L'association de recherche en criminologie appliquée (ARCA) et « Question de justice » développent des recherches et mettent en place des formations dans un champ très élargi de la Justice restaurative [3].

À la demande du ministère de la Justice, le Conseil national de l'aide aux victimes (CNAV) avait mis en place en 2006 un groupe de travail chargé de formuler des propositions relativement à l'intégration des mesures de Justice restaurative dans notre système de justice pénale. Parmi les onze propositions finalement formulées pour sortir la pénalité de la crise qui perdure aujourd'hui, quelques-unes étaient particulièrement pertinentes. La première proposition visait à développer ou intégrer les mesures suivantes : médiation pénale, réparation pénale à l'égard des mineurs, conférences restauratives, rencontres restauratives. Un texte général pourrait consacrer dans le Code pénal le recours à ces mesures de Justice restaurative, à l'initiative des magistrats concernés ou sur demande des parties. Il conviendrait alors d'intégrer la Justice restaurative à tous les stades de la procédure pour répondre aux attentes de tous ceux que concerne la survenance de l'infraction : personne victime, personne infracteure, proches et communautés d'appartenance (propositions n^os^ 2 et 3). Le souci de reconnaître effectivement la personne victime passe, d'une part, par la généralisation et la transmission effectives de la « cote victime » contenant toutes les

1. france-victimes.fr.
2. citoyensjustice.fr.
3. arca-observatoire.com ; questiondejustice.fr

pièces utiles relatives à la personne victime et à ses proches, à tous les stades de la procédure pénale (proposition n° 4) et, d'autre part, par la systématisation du recours aux « enquêtes victimes » destinées à évaluer la situation de la personne victime de l'infraction et de ses proches aux stades de l'enquête, de l'information et, le cas échéant, de l'exécution des peines (proposition n° 5). Comme souligné par les évaluations disponibles, le rôle des professionnels est essentiel au bon épanouissement des mesures de Justice restaurative. Une formation adéquate doit être mise en place et conduire à la création d'un authentique métier d'animateur, dans le cadre d'un partenariat abouti, afin de diffuser une véritable culture restaurative dans le système judiciaire français (propositions n^os^ 6 et 7).

Le groupe de travail n'a pas manqué de rappeler que l'évaluation systématique des mesures de Justice restaurative est déterminante tant pour apprécier les modalités de leur mise en œuvre que leur effectivité en termes de plus-value sociale et de prévention. Parallèlement, il apparaît utile que les bonnes pratiques soient effectivement disséminées sur l'ensemble du territoire national (proposition n° 8). Mesurant l'ampleur des évolutions à accomplir, en termes normatifs mais surtout au regard des mentalités (des protagonistes comme des professionnels), le groupe de travail a proposé, dans un premier temps, de cibler sur certaines infractions (notamment les violences routières) l'expérimentation de nouvelles mesures de Justice restaurative au sein du système judiciaire français, telles que les conférences ou les rencontres restauratives après condamnation (RDV) [1].

Toutes ces initiatives ont conduit le Parlement à légiférer sur la question restaurative. Il n'est pas inutile de noter que le projet de loi déposé par le Gouvernement ne comportait aucune

1. V. justicerestaurative.org/ressources ; R. Cario, P. Mbanzoulou (Dir.), *La Justice restaurative. Une utopie qui marche ?*, 2010, coll. Controverses, L'Harmattan, 103 p.

disposition sur ce thème. C'est par amendement que l'article 10-1 a été introduit dans le Code de procédure pénale [1].

## B. le droit contemporain de la Justice restaurative

Si le concept de Justice restaurative est longtemps demeuré d'intégration délicate, la philosophie même du modèle pouvait néanmoins être aperçue dans quelques dispositions, ce qui n'est pas dû au hasard mais à la force de conviction sur le législateur d'experts français, fortement investis – et de longue date – dans les appareils internationaux. Afin de lutter contre le prononcé excessif des courtes peines privatives de liberté en matière correctionnelle principalement, la loi du 11 juillet 1975 a ainsi créé deux mesures très utiles, mais peu appliquées aujourd'hui encore : la dispense de peine au bénéfice des personnes infracteures majeures [2] ou la dispense de mesure pour les mineurs [3] et l'ajournement du prononcé de la peine ou de la mesure [4]. À la triple série de conditions que le reclassement du coupable est acquis, le dommage causé est réparé et que le trouble a cessé (dispenses), ou sont en voie de l'être (ajournements). De manière plus conforme, initialement, à la philosophie restaurative, la loi du 4 janvier 1993 introduit la médiation pénale au stade des poursuites au profit des majeurs et la réparation pénale, à tous les stades du procès pénal, à l'égard des mineurs (1°). Significativement, la loi du 15 août 2014 (2°) et sa circulaire d'application du 15 mars 2017 (3°) fixent les contours de la Justice restaurative. Il ne faisait guère de doute que ces derniers textes s'appliquaient aussi aux mineurs en situation de délinquance, ce qu'a magistralement confirmé l'ordonnance du 11 septembre 2019 (4°).

---

1. V. *Rapport*, Sénat, 2014, 596, 641 et 642 ; Assemblée nationale, 2014, Amendement n° 875.
2. Art. 132-58 à 62 C.pén.
3. Art. 20-7 Ord. 1945.
4. Art. 132-60 et s. C.pén., 20-7 Ord. 1945.

### 1°) La Loi du 4 janvier 1993

Après une longue expérimentation, fruit d'une riche collaboration entre magistrats éclairés et travailleurs sociaux engagés, le législateur a entendu judiciariser la médiation pénale en offrant au Procureur de la République la possibilité, préalablement à sa décision sur l'action publique et avec l'accord des parties, de décider de recourir à une médiation s'il lui apparaît qu'une telle mesure est susceptible d'assurer la réparation du dommage causé à la personne victime, de mettre fin au trouble résultant de l'infraction et de contribuer au reclassement de l'auteur de l'infraction (ancien art. 41 al.7 *C.P.P.*). Assez curieusement, ces trois conditions sont dorénavant alternatives (art. 41-1 al. 1 et 41-1-5° *C.P.P.*) [1]. Une dénaturation supplémentaire a été introduite en 2004, puisque dorénavant la médiation pénale ne peut envisagée qu'à la demande ou avec l'accord de la victime [2]. En ce sens, lorsque l'une des conditions, pour le moins, est remplie, « [...] *le procureur de la République peut, préalablement à sa décision sur l'action publique, directement ou par l'intermédiaire d'un officier de police judiciaire, d'un délégué ou d'un médiateur du procureur de la République :* [...] *5° Faire procéder, à la demande ou avec l'accord de la victime, à une mission de médiation entre l'auteur des faits et la victime. En cas de réussite de la médiation, le procureur de la République ou le médiateur du procureur de la République en dresse procès-verbal, qui est signé par lui-même et par les parties, et dont une copie leur est remise ; si l'auteur des faits s'est engagé à verser des dommages et intérêts à la victime, celle-ci peut, au vu de ce procès-verbal, en demander le recouvrement suivant la procédure d'injonction de payer, conformément aux règles prévues par le code de procédure civile.* [...] *En cas de non-exécution de la mesure en raison du comportement de l'auteur des faits, le procureur*

1. V. nouvel art. 41-1 al. 1 *C.P.P.* introduit par la loi du 23 juin 1999 ; V. également la *Circulaire* du 2 oct. 1992 (NOR-JUS D.92-300022 C) et les Notes d'orientation (pub. oct. 1992) 'Un mode d'exercice de l'action publique : les classements sous condition et la médiation en matière pénale', Multigraph., 16, 17 et 13 p. ; selon la Circulaire NOR-JUS D.04-30045C du 16 mars 2004, la médiation pénale consiste, « sous l'égide d'un tiers, à mettre en relation l'auteur et la victime afin de trouver un accord sur les modalités de réparation mais aussi de rétablir un lien et de favoriser, autant que possible, les conditions de non-réitération de l'infraction alors même que les parties sont appelées à se revoir ».

2. Loi du 9 mars 2004.

*de la République, sauf élément nouveau, met en œuvre une composition pénale ou engage des poursuites* ».

La médiation pénale constitue bien une mesure cohérente, tant du point de vue des acteurs par l'appropriation de la régulation de leur conflit que de celui du système de justice pénale on offrant une justice plus humaine, plus consensuelle et plus crédible notamment. Mais elle se caractérise aussi par de réelles incohérences qui confinent à son instrumentalisation [1].

La même Loi du 4 janvier 1993 a également institué, à l'article 12-1 de l'Ordonnance du 2 février 1945, la médiation-réparation, ou réparation pénale, spécialement applicable aux mineurs, autour d'une formulation restaurative volontairement plus imprécise mais dans un cadre de déclenchement nettement plus riche (au niveau du parquet, de l'instruction ou du jugement) et en l'assortissant d'un heureux suivi socio-éducatif. Ainsi, « *Le procureur de la République, la juridiction chargée de l'instruction de l'affaire ou la juridiction de jugement ont la faculté de proposer au mineur une mesure ou une activité d'aide ou de réparation à l'égard de la victime ou dans l'intérêt de la collectivité. Toute mesure ou activité d'aide ou de réparation à l'égard de la victime ne peut être ordonnée qu'avec l'accord de celle-ci.*

*Lorsque cette mesure ou cette activité est proposée avant l'engagement des poursuites, le procureur de la République recueille l'accord préalable du mineur et des titulaires de l'exercice de l'autorité parentale. Le procès-verbal constatant cet accord est joint à la procédure.*

*La juridiction chargée de l'instruction procède selon les mêmes modalités.*

*Lorsque la mesure ou l'activité d'aide ou de réparation est prononcée par jugement, la juridiction recueille les observations préalables du mineur et des titulaires de l'exercice de l'autorité parentale.*

*La mise en œuvre de la mesure ou de l'activité peut être confiée au secteur public de la protection judiciaire de la jeunesse ou à une*

---

1. R. Cario, Potentialités et ambiguïté de la médiation pénale. Entre Athéna et Thémis, *In* R. Cario (Dir.), *La médiation pénale. Entre répression et réparation*, Ed. L'Harmattan, Coll. Logiques juridiques, 1997, pp. 11-31 ; J. Faget, *Justice et travail social. Le rhizome pénal*, Ed. Erès, Coll. Trajets, 1992, p. 51 et s.

*personne physique, à un établissement ou service dépendant d'une personne morale habilité(e)s à cet effet dans les conditions fixées par décret. À l'issue du délai fixé par la décision, le service ou la personne chargé(e) de cette mise en œuvre adresse un rapport au magistrat qui a ordonné la mesure ou l'activité d'aide ou de réparation* » [1].

Comme l'ont souligné la plupart des initiateurs, la mesure de réparation pénale à l'égard des mineurs offre de féconds avantages : responsabilisation du mineur, implication de la personne victime, participation de la communauté. « Découvrir que la loi symbolique-échange est préférable à celle imposée par la force » est fondamental, comme l'a si pertinemment souligné Maryse VAILLANT [2]. Mais une fois encore, la pratique démontre que la personne victime est rarement appelée à participer à la mesure, la communauté pas du tout [3].

1. Sur cette mesure, V. not. M. Allaix, M. Robin, La genèse de la mesure de réparation pénale à l'égard des mineurs, *In* M. Vaillant (Dir.), De la dette au don, *op. cit.*, pp. 29-41 ; V. *Circ.* 11 mars 1993 (Nor Jus F 93 500.13 C K.2 n°1) relative à la mise en œuvre à l'égard des mineurs de la mesure de réparation pénale (pub. *In* De la dette au don, *ibid.*, p. 217 et s.) ; R. Cario, Jeunes délinquants. À la recherche de la socialisation perdue, *op. cit.*, p. 89 et s. ; M. Vaillant, *La réparation. De la délinquance à la découverte de la responsabilité*, Ed. Gallimard, 1999, 148 p. ; P. Milburn, *La réparation pénale à l'égard des mineurs*, Pub. Mission de recherche Droit et Justice, Arrêt sur recherches, multigraph., 2002-1, 171 p. ; du même auteur, *Quelle justice pour les mineurs ? Entre enfance menacée et adolescence menaçante*, Ed. Erès, Coll. Trajets, 2009, p. 165 et s.

2. M. Vaillant (Dir.), *De la dette au don*, ESF éditeur, 1994, pp. 123-141 ; R. Cario, Justice restaurative et droit pénal des mineurs. Entre continuité et renforcement de la belle ordonnance du 2 février 1945, *In Les Cahiers, dynamiques*, 2014-59, pp. 41-50 ; L. Walgrave, E. Zinsstag, Justice des mineurs et Justice restaurative. Une intégration possible et nécessaire, *Ibid.*, pp. 32-39 ; D. Youf, Justice restaurative à la PJJ. Le destin de la mesure de réparation, *Ibid.*, pp. 51-60 ; J. Filippi, Justice restaurative des mineurs en France : une approche dans une perspective juridique et scientifique, *In Journal du droit des* jeunes, 2018-*375*, (Belgique), pp. 18-29.

3. J. Filippi, *La justice restaurative en droit pénal des mineurs. Approche comparée France/Belgique*, thèse, 2017, Pau, multigraph., 2015, 483 p.

## 2°) La Loi du 15 août 2014

Au regard de la transposition impérative de la Directive du 25 octobre 2012 [1], elle dédie à la Justice restaurative un nouvel article 10-1, applicable le 1er octobre 2014. « *À l'occasion de toute procédure pénale et à tous les stades de la procédure, y compris lors de l'exécution de la peine, la victime et l'auteur d'une infraction, sous réserve que les faits aient été reconnus, peuvent se voir proposer une mesure de justice restaurative. Constitue une mesure de justice restaurative toute mesure permettant à une victime ainsi qu'à l'auteur d'une infraction de participer activement à la résolution des difficultés résultant de l'infraction, et notamment à la réparation des préjudices de toute nature résultant de sa commission. Cette mesure ne peut intervenir qu'après que la victime et l'auteur de l'infraction ont reçu une information complète à son sujet et ont consenti expressément à y participer. Elle est mise en œuvre par un tiers indépendant formé à cet effet, sous le contrôle de l'autorité judiciaire ou, à la demande de celle-ci, de l'administration pénitentiaire. Elle est confidentielle, sauf accord contraire des parties et excepté les cas où un intérêt supérieur lié à la nécessité de prévenir ou de réprimer des infractions justifie que des informations relatives au déroulement de la mesure soient portées à la connaissance du procureur de la République* ».

Cette possibilité se trouve renforcée par l'information de la personne victime d'une infraction de son droit d'obtenir la réparation de ses préjudices par tout moyen adapté, y compris par sa participation à une mesure de Justice restaurative, dès le début de la procédure pénale. Conformément aux exigences de cette même Directive de 2012, la loi du 17 août 2015 a introduit un sous-titre III, intitulé « Des droits des victimes » au sein du titre préliminaire du code de procédure pénale : « *Les officiers et les agents de police judiciaire informent par tout moyen les victimes de leur droit : 1° D'obtenir la réparation de leur préjudice, par l'indemnisation de celui-ci ou par tout autre moyen, y compris, s'il y a lieu, une mesure de justice restaurative ;* [...] ». Par voie de conséquence, toute institution pénale ou tout service accueillant un public victime doit être aujourd'hui en mesure d'offrir une

---

1. V. not. R. Cario, L'article 10-1 du Code de procédure pénale français à l'aune des textes internationaux et européens, *In* I. Corpart et al. (Dir.), *Université et prétoire*, Mélanges Lienhard, Ed. L'Harmattan, Coll. Droit privé et Sc. crim., 2020, pp. 293-316.

information complète sur la Justice restaurative et les mesures mises en place dans son ressort. Par ricochet, il doit en aller de même pour les institutions ou services accueillant un public auteur d'infraction. Il importe d'ajouter que la demande à se voir proposer une mesure de Justice restaurative appartient à quiconque estime la mesure pertinente dans une situation infractionnelle particulière : acteurs de la chaîne pénale, personnes victimes, personnes infracteures, proches, notamment (V. Circ. du 15 mars 2017, art. 4.3 et 5.2, infra, n^os^ 65 et s.).

Plus généralement, selon ces nouvelles dispositions législatives, symboliquement installées au cœur des principes généraux de la procédure pénale, la participation à une mesure (plus génériquement à une rencontre) restaurative peut être proposée (quel que soit leur statut) aux victimes et aux auteurs d'infractions pénales tout au long du processus pénal. Il s'agit même d'un droit pour la victime, à tous les stades de la procédure et y compris lors de l'exécution des peines (C. pr. pén., art. 10-2, 707 IV, 2° ). Il devrait impérieusement en aller de même pour les infracteurs. Toutes les infractions sont concernées, l'évaluation scientifique démontrant néanmoins que plus les faits sont graves, plus le cheminement vers l'apaisement de chaque participant est important. Il en va de même de l'efficience restaurative du seul « processus », indépendamment du « résultat » (la rencontre, pour autant qu'elle soit souhaitée), les participants ayant toujours la possibilité d'y mettre fin.

La loi du 15 août 2014 a fait l'objet de très peu de commentaires de la doctrine spécialisée. Pour les uns, le texte est trop imprécis, un « objet juridique non identifié (OJNI) » [1]. Pour d'autres, il remet « en cause l'ensemble des paradigmes fondant notre système pénal » [2], « contribue encore à obscurcir la

1. G. Rabut-Bonaldi, La mesure de Justice restaurative, ou les mystères d'une voie procédurale parallèle, *In Rec. Dalloz, 2015-2, pp. 97-103 ;*

2. M. Nord-Wagner, Justice restaurative et transaction policière : un regard sur deux procédures originales issues de la loi du 15 août 2014, *In Gaz. Pal.*, 2015-143, p. 6 et s.

frontière entre responsabilité civile et responsabilité pénale »[1]. Davantage encore, « il porte un nouveau coup à la fonction punitive et rétributive de la peine », « au titre d'un humanisme fortement teinté d'idéologie »[2]. De surcroît, « la justice restauratrice représente le stade ultime d'un angélisme pervers et autodestructeur », de nature à conduire, « en dernier ressort [à] culpabiliser la victime pour insidieusement l'amener contre son gré à pardonner »[3]. De telles critiques, radicales et précipitées, ne témoignent que de la méconnaissance totale de la part de leurs auteurs de la philosophie et des caractéristiques de la Justice restaurative.

La Justice restaurative vise à offrir une part active dans la « résolution » (le terme « régulation » eut été plus pertinent) des difficultés (« matters ») résultant de l'infraction, en d'autres termes conduire à la réparation des conséquences et des répercussions de toute nature résultant de sa commission. S'il revient au seul juge pénal de déterminer la nature, le quantum et le régime de la sanction (en d'autres termes il s'agit des conséquences du crime), les participants sont dorénavant susceptibles d'envisager la diversité et les caractéristiques des répercussions (sans liens directs avec le fait infractionnel), selon le stade où la rencontre intervient. La présence de professionnel(le)s apparaît inévitable, autant pour éviter toute forme de victimisation secondaire des intéressés, d'instrumentalisation des mesures de Justice restaurative, que de dérives dans l'appréciation des répercussions pour l'avenir et des éventuelles modalités de leur prise en compte (dans le pré-sententiel principalement). En effet, à côté des éventuelles indemnisations d'ordre pécuniaire des conséquences du crime,

---

1. V. Peltier, Les « boîtes à outils de Madame Taubira. À propos de la loi du 15 août 2014, *In La sem. Jurid.*, 2014-36, 1510-1513.

2. D. Dassa-Le Deist, La consécration d'une Justice restaurative : une mesure nouvelle, mais pour restaurer quoi ?, *In Gaz. Pal.*, 2014-294, p. 5 et s.

3. A. Laurent, *Justice restauratrice, justice dénégatrice*, Tribune libre, 2014-6, Institut pour la justice, institutpourlajustice.org ; Comp. sur ce point B. Raquin, La justice réparatrice est une monstrueuse confusion, puteaux-libre.over-blog.com/article- 108657290.html, qui, manifestement, semble également méconnaître la question restaurative.

d'autres types de réponses peuvent également concourir à la régulation de ses répercussions d'ordre personnel, familial, professionnel, relationnel, culturel et plus largement social.

Contrairement au procès pénal (au déroulé vertical, généralement confiscatoire de la parole des protagonistes mêmes, trop souvent passifs), le processus restauratif, sans empiéter sur les prérogatives des acteurs de la chaîne pénale, offre une dynamique intégrative (au déroulé horizontal) à tou.te.s celles et ceux qui souhaitent personnellement apporter des réponses à ces répercussions sur la vie de chacun après le crime. Impliquant en première intention la personne victime et la personne infracteure (et, selon les mesures, leurs proches ainsi que des membres volontaires de leurs communautés d'appartenance), les mesures de Justice restaurative se démarquent pertinemment de la tendance qui affecte, de manière durable et regrettable, les conditions du recours à la médiation pénale, n'exigeant plus que le seul accord de la victime. Dorénavant, les personnes qui ont choisi, au cours des entretiens préparatoires avec le professionnel dédié (indépendant et impartial), de s'investir dans une rencontre restaurative en sont les acteurs primordiaux.

Les participants sont considérés comme compétents pour réguler leurs propres affaires, en présence et avec l'accompagnement des professionnel(le)s formé(e)s (au sens large). Ainsi, les mesures restauratives apportent, au sein du procès pénal, un espace particulièrement sécurisé de parole, de dialogue. Identifier et exprimer les souffrances subies par chacun, favoriser la compréhension mutuelle de ce qui s'est passé (pourquoi ?) et rechercher ensemble des solutions disponibles pour y remédier (comment ?) conduit bien plus effectivement à la restauration la plus complète des personnes.

Pour que l'œuvre de justice s'accomplisse dans le respect des droits humains et des principes de droit criminel, l'article 10-1 du code de procédure pénale impose une série de garanties conditionnant le recours à une mesure de Justice restaurative. L'exigence de la reconnaissance « des faits essentiels de la cause » (Dir. 2012/29, art. 12) par tous est formelle. Elle ne doit toutefois pas être assimilée à un aveu judiciaire ou extrajudiciaire ou à une auto-incrimination mais à une absence de dénégation. La généralisation de la césure du procès pénal, conduisant au prononcé rapide d'une décision sur la culpabilité de la personne poursuivie, réclamée de longue date par les pénalistes, aurait permis de lever toutes les résistances relatives au respect de la présomption d'innocence dès le stade de l'instruction.

Logiquement, une information complète sur la mesure envisagée doit être donnée aux participants éventuels : déroulement du processus et garanties dont ils disposent ; suites envisageables ; bienfaits susceptibles d'en être retirés et limites de leur participation.

Le consentement exprès des participants à la mesure restaurative choisie, indispensable à son bon déroulement, est le gage de leur participation active. Constant tout au long de la mesure, il est révocable à tout moment.

Le respect de telles conditions, non négociables, exige que leur recueil soit effectué par un tiers indépendant et impartial formé à cet effet. Une telle formation ne s'improvise pas. Pour devoir posséder de solides connaissances disciplinaires propres, professionnel(le)s et bénévoles de la rencontre restaurative devront encore compléter leur formation de base par l'acquisition de connaissances spécifiques au processus restauratif.

La dernière condition posée à l'article 10-1 du Code de procédure pénale exige le respect de la confidentialité des échanges non seulement lors de la préparation des potentiels participants mais encore lors du déroulement de la mesure appliquée. Sauf les cas particuliers qu'énonce *in fine* cet article, à savoir : l'accord des parties ou l'intérêt supérieur de la répression.

Le contrôle de l'autorité judiciaire ou, à la demande de celle-ci, de l'administration pénitentiaire consiste en la vérification du respect des conditions posées à l'article 10-1 du code de procédure pénale et non pas sur le déroulement de la mesure, au regard de la confidentialité qui l'entoure. Il s'agit donc d'un simple mais essentiel contrôle de conformité. Offrir aux autorités de contrôle précitées un contrôle d'opportunité sur l'accès à la mesure, les conditions de sa mise en œuvre principalement, viderait de tout sens la philosophie même du texte, dès lors que les conditions de reconnaissance des faits et de consentement sont, a minima, manifestement remplies. Un tel contrôle se heurte cependant au respect du principe de confidentialité, ne supportant aucune autre restriction, sauf « accord contraire des parties et excepté les cas où un intérêt supérieur lié à la nécessité de prévenir ou de réprimer des infractions » commises, dont la commission est en cours ou sur le point de l'être et présentant un danger pour les personnes. Le procureur de la République en est le seul destinataire. Il s'applique à tous : coordonnateurs, animateurs, participants. Il a pour corollaire l'interdiction de s'appuyer sur la participation à une rencontre restaurative, y compris en cas d'échec, dans le cadre d'une procédure pénale subséquente [1].

Il n'est pas discutable que l'article 10-1 est applicable aux majeurs comme aux mineurs, au regard de son insertion dans le Titre préliminaire (« Dispositions générales ») du code de procédure pénale. Des particularismes propres au droit pénal des mineurs devront être respectés (autorité parentale notamment). Il demeure que des mesures telles que la conférence restaurative, voire la médiation restaurative, sont très positivement évaluées comme facteur puissant de responsabilisation et de réduction de la récidive. Sous réserve d'une formation appropriée des animateurs et de préparation adéquate des protagonistes, la figure vindicative de la personne victime [2], contre-productive dans la prise en charge

1. B. Sayous, R. Cario, La Justice restaurative dans le réforme pénale : de nouveaux droits pour les victimes et les auteurs d'infractions pénales, *In AJpén*, 2014-10, pp. 461-466 ; *Ibid.*, Restorative justice in the penal reform in France. New rights for the victimes and perpetrators, *In Int.J.C.*, 2015-3-1, pp. 2-13 ; J. H. Robert, La honte réintégrative, moteur de la Justice restaurative, *In La semaine juridique*, 2015-9, p. 442 et s.

2. V. not. T. Chapman, *Protecting rights, restoring respect and strenghtening relationships : a european model for restorative justice with children and young people*, Vol. 2, European research on restorative justice, OIJJ, ECJJ, 2015 ; *Toolkit for professionals : implementing a European model for restorative justice with children and young people*, Vol. 3, European research on restorative justice, OIJJ, ECJJ, 2015 ; F. Dünkel, J. Grzywa, P. Horsfield, I.

légitimement éducative du mineur en situation de délinquance, appartient au passé.

### 3°) La circulaire 15 mars 2017

Relative à la mise en œuvre de la Justice restaurative, cette circulaire, d'application immédiate [1], était très attendue des praticiens de la justice, au sens large [2]. « Modèle de justice complémentaire du procès pénal, la Justice restaurative consiste à restaurer le lien social endommagé par l'infraction, à travers la mise en œuvre de différentes mesures associant la victime, l'auteur et la société ». En reprenant la plupart des préconisations formulées par l'Institut français pour la Justice restaurative depuis sa création, avec le soutien et la collaboration du Service de l'accès au droit, à la justice et à l'aide aux victimes (SADJAV), la circulaire expose très pertinemment les liens qui doivent unir le système de justice pénale contemporain et les mesures de Justice restaurative [3].

La complémentarité entre procès pénal et Justice restaurative est, en premier lieu, rappelée très clairement. La mise en place des

---

Pruin (Eds.), *Juvenile systems in Europe. Current situation and reform developments*, vol. 4, 2010-36, Forum Verlag Godesberg ; *Restorative justice and mediation in penal matters*. A stock-taking of legal issues, implementation strategies and outcomes in 36 european countries, vol. 2, 2015, Forum Verlag Godesberg ; F. Cregut, *L'approche restauratrice dans la justice juvénile*, 2016, publ. Terre des hommes, Médiathèque, www.tdh.ch ; R. Cario, La Justice restaurative : principes et promesses, *In Les Cahiers dynamiques*, 2014-1-59, coll. P.J.J., Érès, pp. 24-31 ; Droit pénal des mineurs et Justice restaurative, *Ibid.*, pp. 41-50 ; J. Filippi, Autour de la médiation et de la concertation restauratrice en groupe en Belgique, *Ibid.*, pp. 112-120.

1. Circ. JUST1708302C/ SG-17-007/13.03.2017 : Mise en œuvre de la Justice restaurative applicable immédiatement suite aux articles 10-1, 10-2, 707 du code de procédure pénale, issus des articles 18 et 24 de la loi n° 2014-896 du 15 août 2014 et de l'article 7 de la loi n° 2015-993 du 17 août 2015,

2. V. not. J. Filippi, Restorative justice for young offenders : an analysis of the french directive confronting an european and national legal perspective, *In Journal of law and jurisprudence*, 2018-7-1, pp. 142-162.

3. V. également SG/SADJAV, 6 oct. 2015, Fiche méthodologique sur la Justice restaurative ; DAP/SDME/ME2, 7 oct. 2015, Fiche de sensibilisation relative à la mise en œuvre de la Justice restaurative).

programmes, quelles que soient les mesures (en face à face ou en groupes anonymes), est placée sous le contrôle de l'autorité judiciaire ou, à la demande de celle-ci, de l'administration pénitentiaire (art. 5.3). Ce contrôle de conformité des conditions posées à l'article 10-1 du code de procédure pénale s'exerce ainsi à tous les stades de la procédure, y compris lors de l'exécution des peines. Au stade pré-sententiel, l'appréciation des conditions du recours à une mesure restaurative est laissée à l'opportunité de magistrats compétents, en termes de conformité, en s'assurant de la même manière qu'il y a bien eu une information complète des potentiels participants, une reconnaissance par chacun des faits de la cause, un consentement exprès à participer à la mesure choisie, un animateur (au sens large) spécifiquement formé et une confidentialité pleinement assurée (art. 3.2, 4). Il va de soi que l'animateur ne peut en aucun cas être le professionnel en charge du suivi de l'un des participants (art. 4.4). Il n'est guère utile de souligner que si toutes les infractions sont concernées (y compris celles à l'égard desquelles l'action publique ne peut pas être engagée ou perdurer), il conviendra néanmoins de veiller à toute éventuelle revictimisation de l'une ou l'autre des personnes engagées, notamment à l'égard des mineurs (art. 2.2 c).

La complémentarité s'exprime encore par la possibilité pour les magistrats de proposer eux-mêmes le bénéfice d'une mesure de Justice restaurative à tout justiciable. Le magistrat mandant sera destinataire d'un rapport à l'issue de la mesure afin d'en évaluer la qualité (art. 5.4), archivé séparément des dossiers des participants, ce qui garantit la totale confidentialité des échanges. Membres de la convention de partenariat associant les partenaires clés (SPIP/PJJ, AAV) au sein du « comité de pilotage », ils participent à la désignation du « groupe projet » chargé de rédiger le cahier des charges de la mesure envisagée. À cette fin, la circulaire invite chaque juridiction à désigner en son sein un magistrat référent pour la Justice restaurative, au parquet et/ou au siège (art. 5).

L'autonomie entre procès pénal et Justice restaurative apparaît, en second lieu, nettement affirmée. La circulaire indique en ce sens que les mesures de Justice restaurative ne sont pas un acte de procédure. Partant, elles échappent aux principes directeurs de la procédure pénale énoncés à l'article préliminaire du code de procédure pénale. La participation à une mesure restaurative n'a pas d'incidence sur la décision d'engager ou non des poursuites, sur la détermination de la culpabilité de l'auteur, le choix de la peine ou de ses modalités d'exécution. En ce qu'il est libre de quitter le dispositif à tout moment, aucun reproche ne pourra être adressé au participant qui souhaite se retirer de la mesure restaurative. Aucun document relatant la rencontre restaurative ne sera versé à son dossier (art. 3.1).

Cela est logique car la Justice restaurative s'intéresse uniquement aux répercussions éventuelles de l'acte infractionnel, alors que le procès pénal a, lui seul, compétence pour connaître de ses conséquences potentielles, en termes de sanction et d'indemnisation. Ce dont il s'agit, c'est d'offrir à chacun, par l'espace de dialogue inédit qu'offre la rencontre restaurative, la possibilité de cheminer vers un horizon d'apaisement. Le procès n'a pas pu tout régler, sinon le passé de la faute. Demeurent néanmoins indispensables, pour l'avenir des personnes, les réponses aux questions cruciales du « pourquoi » c'est arrivé, du « comment » se réintégrer le plus harmonieusement dans la communauté (entendue au sens large). Les nombreuses mesures mises en place depuis quelques années (en métropole et en outre-mer) attestent ce possible cheminement, certes différentiel selon les personnes. L'autonomie [1] provient encore de la formation spécialisée dont bénéficient aujourd'hui les futurs animateurs et membres de la communauté dans le cadre d'une convention de formation continue tripartite ENAP/ France victimes/ IFJR (art. 4.4, 5.1 c et 5.2).

## 4°) L'ordonnance du 11 septembre 2019

Depuis la publication de la Loi du 15 août 2014, un vif débat, stérile, s'est engagé entre une partie de la doctrine et la Protection

---

1. R. Cario, La Justice restaurative : vers un inévitable consensus, *D.* 2013. Point de vue 16, p. 1077 ; E. Rommeluere, La circulaire du 15 mars 2017, justicerestaurative.org ; R. Cario, Justice pénale et Justice restaurative : entre complémentarité et autonomie assumées. À propos de la circulaire du 15 mars 2017, *In A.J.pén.* 2017-6, p. 252 ; O. Hielle, Justice restaurative. Une nouvelle méthode pour panser toutes les plaies, *In ASH*, 2017-3038, p. 20.

judiciaire de la jeunesse (PJJ) (tant au niveau de sa Direction que de ses acteurs de terrain). L'article 10-1 ne serait pas applicable aux mineurs, il conviendrait donc de prévoir un texte correspondant au principe de spécificité de l'action socio-éducative. De surcroît, nombreux furent ceux à considérer que la réparation pénale à l'égard des mineurs était une authentique mesure de Justice restaurative. Tout est rentré dans l'ordre avec l'adoption du Code de justice pénale des mineurs (applicable au 1er octobre 2020) [1]. L'article L 13-4 prévoit, en ce sens, qu'il « *peut être proposé à la victime et à l'auteur de l'infraction de recourir à la justice restaurative conformément à l'article 10-1 du code de procédure pénale, à l'occasion de toute procédure concernant un mineur et à tous les stades de celle-ci, y compris lors de l'exécution des peines, sous réserve que les faits aient été reconnus* ». Ce droit à la Justice restaurative ne peut, naturellement être mise en œuvre que « *si le degré de maturité et la capacité de discernement du mineur le permettent, et après avoir recueilli le consentement des représentants légaux* » (al. 2).

On remarquera que cet article est inclus dans le Titre préliminaire de l'Ordonnance [2], de la même manière que l'article 10-1 du code de procédure a été introduit dans les dispositions générales du code de procédure pénale (s'appliquant par définition, dès 2014, à tous les auteurs d'infractions, majeurs comme mineurs) [3]. Un tel positionnement mérite d'être souligné, consacrant par là même la place prépondérante que le législateur reconnait désormais à la Justice restaurative.

---

1. Ordonnance portant partie législative du code de la justice pénale des mineurs, JORF, 13 sept. 2019 ; V ; également la Recommandation du Comité des Ministres du Conseil de l'Europe du 3 oct. 2018, *relative à la justice restaurative en matière pénale*, (2018)8, not. art. 24.

2. Des principes généraux de la justice pénale des mineurs, Chapitre III, Dispositions communes.

3. Première partie, Législative, Titre préliminaire, Dispositions générales, Sous-titre III, De la Justice restaurative.

Pour autant, l'article L 112-8 maintient, au sein d'un « Module de réparation » [1], non seulement la réparation pénale traditionnelle, mais encore la médiation entre la personne mineure et la personne victime, la première avec l'accord de la personne victime concernée, la seconde à la demande ou avec l'accord de celle-ci.

Trois principales remarques s'imposent. En premier lieu, les mesures de Justice restauratives ne sont pas des mesures éducatives judiciaires. La circulaire d'application du 15 mars 2017 précise qu'elles ne constituent pas un acte de procédure et, comme telles, elles ne sont pas soumises aux dispositions de l'article préliminaire du Code de procédure pénale. En second lieu, un risque de confusion entre mesure de Justice restaurative et mesures éducatives judiciaire est réel. Si leur cumul est possible en théorie, des difficultés pratiques de mise en œuvre sont à craindre, notamment relativement à la mesure de réparation et à la médiation nouvellement introduite. En dernier lieu, la mise en œuvre d'une mesure de Justice restaurative ne peut pas être laissée à l'initiative des magistrats, notamment des procureurs. Si la mesure envisagée se conforme aux conditions posées à l'article 10-1, rien ne peut s'opposer à son déroulement, quelle que soit la gravité de l'infraction, quel que soit le stade de la procédure. Ce serait, dans le cas contraire, vider de son sens l'article 10-1 du Code de procédure pénale. Ce qui serait très préjudiciable pour les potentiels bénéficiaires de mesures restauratives, diverses et très encadrées.

1. Livre 1er, Des mesures éducatives et des peines, Chap. 2, De la mesure éducative, Section 2, Des modules de la mesure éducative judiciaire, Sous-Section 2.

# 4

# La mise en œuvre des mesures restauratives en France

Les mesures de Justice restaurative reposent sur des caractéristiques précises, conformes à l'état de droit dominant dans les sociétés démocratiques. Leurs conditions de mise en œuvre, voisines, respectent scrupuleusement un protocole formel, soucieux de préserver les droits et intérêts de chacun. Libres d'y entrer comme d'en sortir, tous sont invités à prendre une part active au processus restauratif. Dans les années 2000, praticiens et chercheurs ont imaginé de nouveaux dispositifs, tous empreints de la philosophie restaurative consistant prioritairement à instaurer un espace de dialogue, d'échanges, une « conversation » [1] confidentielle entre les protagonistes du crime et/ou leurs proches, en y associant, parfois, des personnes de leurs communautés d'appartenance.

De telles mesures ont rayonné sans partage tout au long de l'histoire de la pénalité, nombre d'entre elles ont été actives durant de longs siècles dans nos civilisations occidentales, y compris en période de monopole étatique pénal [2]. Et leur application demeure constante dans les sociétés ancestrales plus

---

1. P. Wallis, *Understanding restorative justice. How empathy can close the gap created by crime*, 2014, p. 1.

2. M.-S. Dupont-Bouchat, Le crime pardonné. La justice réparatrice sous l'Ancien Régime [XVIe-XVIIIe siècles], *In Criminologie*, 1999-32-1, p. 31-56 ; Garnot, *In* R. Cario, D. Salas [Dir.], Œuvre de justice et victimes, 2001, coll. Sciences criminelles, L'Harmattan, pp. 59-65.

ou moins épargnées par la greffe de la modernité des « conquêtes » colonialistes [1]. En France, afin d'éviter la critique de « l'importation » de modèles étrangers [2], les intitulés des mesures appliquées ont été personnalisés (dans le cadre des travaux de L'IFJR principalement) relativement à notre culture et à notre système de justice pénale (A). De manière originale et professionnalisée, un protocole standard, décliné selon les diverses mesures restauratives, a été construit par l'Institut au bénéfice des programmes restauratifs mis en œuvre (B). Ainsi que le prévoient quelques programmes, un accord entre les participants à ces mesures est susceptible d'être produit à l'issue des rencontres (C).

### A. La nature des mesures restauratives

Plusieurs mesures restauratives ont à ce jour été mises en œuvre dans notre pays (métropole et outre-mer) : les médiations restauratives (1°), les conférences restauratives (2°), les rencontres condamnés-victimes (3°), les cercles. D'autres dispositifs sont susceptibles d'être intégrés, à plus ou moins long terme comme le cercle restauratif extrajudiciaire quand l'action publique est impossible (4°) ou le cercle restauratif judiciaire (5°). Éloignés par nature du caractère restauratif des précédentes mesures, les cercles de soutien et de responsabilisation et les cercles d'accompagnement et de ressources présentent toutefois un intérêt réel pour des sortants de prison condamnés pour des faits graves et sérieux (6°).

1. V. not. G. Johnstone, *Restorative justice. Ideas, values, debates*, Willan pub., 2002, p. 36 et s.

2. V. not. S. Dandonneau, Justice restaurative : l'ambition associative au service de l'intérêt général, *In* Forum, 2017-77, p. 15.

**1°) La médiation restaurative**

Forte des acquis des premières médiations victime-infracteur [1], la médiation restaurative offre à la personne victime (ou à ses proches si elle n'a pas survécu au fait infractionnel) et à la personne infracteure, principalement en cas de délits et de crimes graves et sérieux, l'opportunité d'une rencontre volontaire afin qu'ils échangent sur les répercussions du conflit de nature pénale qui les oppose. À la différence des autres formes de médiation (notamment pénale), la médiation restaurative s'inscrit dans une méthodologie « humaniste » ou « relationnelle » [2] visant, avant tout, à favoriser le dialogue entre les personnes concernées par la commission d'une infraction.

Compétentes pour s'investir dans la reconquête de l'estime de soi et de la maîtrise de leur avenir, fortement perturbées par l'infraction commise/subie, les personnes voulant s'impliquer sont susceptibles de cheminer vers un authentique horizon d'apaisement. Elles sont les plus aptes à mesurer leurs propres attentes, à évaluer l'ampleur des répercussions qui les affectent toujours, à rechercher les solutions qu'elles pourraient mettre en œuvre pour y répondre [3]. Animée par un voire deux animateurs spécialement formés, la médiation restaurative a pour but, tout d'abord, de rendre possible une telle rencontre ; d'encourager,

1. V. not. D. Peachey, *In* M. Wright, B. Galaway, *Mediation and criminal justice : victims, offenders and community*, 1989, Sage Ed., pp. 14-26 ; D. Peachey, L'expérience de Kitchener, *In* P. Gailly, *La justice restauratrice*, Ed. Larcier, 2011, pp. 133-145.

2. V. S. Charbonneau, C. Rossi, *La médiation relationnelle : rencontres de dialogue et justice réparatrice*, Ed. L'Harmattan, coll. Criminologie, 2020, 190 p., en cours de publication.

3. V. not. M. S. Umbreit and *al.*, *Victim offender mediation. Training manual. A composite collection of training resource materials*, 2015, ed. Center for restorative justice and peacemaking, University of Minnesota, cehd.umm.edu/ssw ; A. Buonatesta, La médiation entre auteurs et victimes dans le cadre de l'exécution de la peine, *In RD pén. crim.*, 2004-2, p. 242 ; C. Rossi, La médiation en justice pour les adolescents au Québec de 1980 à 2012 : contexte et développement d'un programme original et unique, *In* M. Alain, S. Hamel (Dir.), *Intervenir auprès des adolescents contrevenants au Québec : dix ans d'expérience et de défis sous la LSJPA*, 2015, Presses Univ. du Québec, p. 29, cicc.umontreal.ca.

ensuite, l'auteur à mesurer l'impact humain, social et/ou matériel de son action et à en assumer la responsabilité ; de conduire encore chacun à reconsidérer le point de vue de l'autre et à en tenir davantage compte ; d'amener, enfin et principalement, les intéressés à envisager les contours de la réparation des répercussions qui perdurent.

Elle se déroule, la plupart du temps, en quatre phases distinctes. 1) Elle commence par l'examen de l'éligibilité de la demande formulée soit par la personne infracteure soit par la personne victime. Selon le cas, le médiateur rencontrera le demandeur pour entendre et comprendre ses motivations. Il les portera ensuite à l'autre partie.

2) Si une médiation restaurative semble envisageable pour chacun d'entre eux, le médiateur prépare séparément chacune des personnes. Il leur rappelle le cadre de la mesure et s'assure encore de leurs motivations respectives. Il apprécie, tout au long des rencontres individuelles, l'aptitude psychologique de l'intéressé à tirer profit de la médiation et vérifie qu'elle n'aggravera pas l'ampleur de ses souffrances. Il procède par navette en rapportant à l'issue de chaque entretien préparatoire avec l'une des personnes, ce que chacune est prête à échanger avec l'autre.

3) La rencontre de médiation peut alors avoir lieu entre la personne victime et la personne infracteure. Elle peut prendre diverses formes : échanges de lettres, d'enregistrements de vidéos, notamment. Mais généralement une rencontre physique intervient. Dans ce cas, le médiateur, après avoir rappelé les objectifs de la médiation, invite les parties à s'exprimer sur les motivations les ayant conduites à la rencontre, qui tournent souvent autour des questions essentielles, notamment pour la personne victime, du « pourquoi » et du « comment ».

4) À distance de la rencontre éventuelle (deux à trois semaines), un entretien post-médiation avec chaque partie est organisé par le médiateur afin de mesurer l'impact des échanges [1].

---

1. V. not. M. Umbreit, J. Greenwood, ojp.usdoj.gov/ovc ; J. Faget, *Médiations : les ateliers silencieux de la démocratie*, Ed. Erès, 2015, 419 p. ; J. Morineau, *La médiation humaniste. Un autre regard* sur *l'avenir,* Ed. Erès, 2015, 128 p. ; N. Queloz et al. (Dir.), *Mettre l'humain au centre du droit pénal : les*

## 2°) La conférence restaurative

La conférence restaurative, inspirée des conférences du groupe familial (adaptation de pratiques Maories) est destinée à la prise en charge des infractions commises par les mineurs [1]. Elle réunit un nombre plus diversifié de participants (souvent proche de 10 personnes) autour de la personne infracteure, de la personne victime (ou de l'un de ses proches si elle n'a pas survécu au crime subi) et du médiateur (ou facilitateur). Se joignent à eux toutes les personnes ou institutions ayant intérêt à la régulation du conflit mais uniquement dans une perspective de soutien et d'accompagnement des protagonistes : amis, personnes en qui chacun des protagonistes a une particulière confiance, référents de l'une ou l'autre des parties, représentants d'institutions judiciaires, sanitaires ou sociales [2].

Le rôle des animateurs (ailleurs dénommés *facilitators*) est central. La conférence restaurative se déroule généralement en deux temps. 1) Les animateurs procèdent à l'examen approfondi des faits. Ils rencontrent ensuite chaque participant potentiel. Après leur avoir explicité le processus de la conférence, ils

---

*apports de la Justice restaurative*, Ed. Schulthess, 2018, 124 p. ; C. Rossi, S. Charbonneau, La justice réparatrice au Québec : Alternatives, mesures de rechange, rencontres de dialogue et médiations, *In Cahiers de la sécurité et de la justice*, 2018 ; P. Haldimann, C. Jaccottet Tissot, N. Kapferer, S. Moeschler, Justice restaurative et médiation, une distinction qui s'impose, *In Plaidoyer*, 2018-5.

1. V. not. A. MacRae, H. Zehr, *The little book of family group conferences. New Zealand style : a hopeful approach when youth cause harm*, 2004, Good books publ. ; D.B. Moore, T.O. O'Connell, *Family group conferencing in Wagga Wagga : a communitarian model of justice, In* G. Johnstone (Ed.), *A restorative justice reader*, 2003, Willan, pp. 212-224 ; D. O'Mahony, *Restorative justice and youth justice in Nothern Ireland, In* F. Dünkel *et al.* (Dir.), *Restorative Justice and mediation in penal matters in Europe*, 2015, Forum Verlag Godesberg, Vol. 2, pp. 583-617 ; C. Trotter, *Le suivi des usagers involontaires. Probation, délinquance et suivi des mineurs*, Ed. L'Harmattan, 2018, 246 p.

2. V. not. E. Zinsstag, I. Vanfraechem (Eds.), *Conferencing and restorative justice. International practices and perspectives*, 2012, Oxford University Press, 272 p. ; D. O'Mahony, J. Doak, *Reimagining restorative justice*, 2017, p.151-165 ; C. Rossi, S. Charbonneau, Le système de justice pénale pour les adolescents et les mesures de rechange au Québec : quel modèle pour quel paradigme ?, *In Journal du droit des jeunes*, 2018-375, pp. 29-42.

recueillent leurs motivations à y participer, leurs attentes concernant les conséquences et les répercussions du crime, leur aptitude à rencontrer l'autre partie. Lorsque les conditions sont réunies (V. art. 10-1 C.pr.pén.) et que les personnes sont toujours volontaires pour y participer, une rencontre plénière est organisée.

2) La Conférence restaurative plénière se déroule en trois temps particuliers :

a) la personne infracteure donne sa version des faits, suivie par la personne victime. L'un et l'autre expriment ensuite leurs sentiments relativement aux actes agis/subis. Les autres participants interviennent à leur tour ;

b) lorsque l'ensemble des problèmes semble avoir été évoqué lors de ce premier échange, la personne victime se retire avec sa famille pour discuter ensemble des caractéristiques de la restauration, en présence d'un animateur, simplement chargé de réguler, si nécessaire, les échanges. Dans le même temps, la personne auteur et sa famille élaborent un plan pour répondre aux conséquences et/ou répercussions du crime, en présence de l'autre animateur ;

c) les deux groupes se rejoignent alors en rencontre plénière. La personne infracteure et sa famille proposent l'offre à laquelle ils ont réfléchi. Le groupe de la personne victime fait connaître ses attentes en suivant. Une discussion s'engage jusqu'à ce qu'un consensus soit atteint. À l'issue de la négociation sur les conséquences et/ou les répercussions du crime (selon les dispositions procédurales en vigueur), les animateurs vérifient la légalité, la faisabilité et les conditions de mise en œuvre du plan accepté, les actions à mener par les participants. Ils en assureront le suivi. Selon les cas, notamment dans le pré-sententiel, une homologation par l'autorité judiciaire s'imposera avant la mise en œuvre du plan de restauration. En cas d'échec de la conférence restaurative, en fonction des lois applicables, la procédure normale reprendra son cours.

De très nombreux praticiens estiment que la conférence restaurative offerte aux mineurs en situation de délinquance constitue la mesure de Justice restaurative la plus aboutie. De telles conférences restauratives doivent pouvoir se mettre en place sans difficulté dans notre système de justice pénale, en particulier au bénéfice des personnes infracteures mineures. Le législateur devrait envisager d'y recourir systématiquement, avant toutes poursuites pénales, comme cela est déjà le cas dans d'autres pays (Nouvelle-Zélande, Belgique, par exemple) [1].

### 3°) Les rencontres détenus/condamnés-victimes

Expérimentés en Angleterre en 1983, ces « *face to face* de groupes » furent introduits au Canada en 1987. Ils sont mis en œuvre aujourd'hui au Québec par le Centre des services de justice réparatrice [2]. Il s'agit ici de rencontres de groupes anonymes de personnes infracteures incarcérées et de personnes victimes (plus précisément dénommées RDV). Ce partage des émotions entre personnes ayant été confrontées aux mêmes actes, des deux côtés du crime, est de nature à provoquer, de manière inégalée par le système actuel, la « libération » des intéressés (condamné détenu, victime et/ou proches), enserrés dans des postures d'incompréhension, de culpabilité, de haine, de dévalorisation, d'isolement affectif et social, de grande souffrance finalement [3]. Après une introduction expérimentale en 2010 au sein de la maison centrale de Poissy, des sessions de RDV se multiplient sur l'ensemble du territoire national [4]. Sur le même modèle, les rencontres condamnés-victimes (RCV) se

---

1. V. B. Sayous, Les conférences du groupe familial, *In* R. Cario, P. Mbanzoulou (Dir.), La Justice restaurative. Une utopie qui marche ?, 2010, *op. cit.*, p. 33 et s.

2. csjr.ca ; T. De Villette, *Faire justice autrement*, Médiaspaul, 2009, 247 p.

3. V. T. Peters, I. Aertsen, *Towards Restorative Justice : victimization, victim support and trends in criminal justice, in Crime and criminal justice in* Europe, 2000, Council of Europe.

4. R. Cario, Les rencontres restauratives en matière pénale. De la théorie à l'expérimentation des RDV, *In AJpén.*, 2011-6, p. 294 ; O. Millot, Des victimes au parloir : crimes et apaisement, *In Libération*, 29 nov. 2010 ; M. Lefebvre-Billiez, Quand victimes et criminels se parlent, *In Réforme*, 2011-3416, pp. 8-10 ; N. Journet, Juger sans punir. Une justice pour demain ?, *In Sciences humaines*, 2012-241, pp. 24-29 ; R. Cario, *Les rencontres détenus-victimes. L'humanité retrouvée*, 2014, coll. Controverses, L'Harmattan, 164 p.

déroulent en milieu ouvert, de manière autonome, lors de l'exécution de sanctions au sein de la communauté (sursis simple ou avec mise à l'épreuve, libération conditionnelle notamment). Ces deux mesures respectent également le protocole commun à la Justice restaurative.

Les participants à une Session de RDV/RCV (quatre personnes respectivement) ne se connaissant nullement, mais ont accompli ou subi des actes de nature proche. Après l'information complète systématiquement donnée par le professionnel accueillant ou suivant un public justice, les personnes intéressées sont orientées vers les deux animateurs de la mesure. Ils procèdent, ensemble, aux entretiens individuels de préparation (trois minimum) destinés à poser le cadre précis de la mesure (notamment le calendrier précis de son déroulement) et à recueillir les motivations des potentiels participants. Durant ces entretiens, les animateurs, dans une posture d'empathie inconditionnelle, veillent à ce que les personnes choisissent en connaissance de cause de participer à la session de rencontres, choix sous-tendu par une stratégie d'*empowerment* des intéressés. Les animateurs valident les deux groupes, en gardant toujours à l'esprit qu'une personne toujours vulnérable ou aux motivations non clairement exprimées n'est sans doute pas suffisamment préparée pour participer à la session programmée.

Une rencontre en groupes séparés (personnes victimes d'un côté, personnes infracteures de l'autre) intervient sur les lieux où se déroulera la session pour que chacun puisse se présenter avant le début des rencontres plénières. Lors de ces rencontres en groupe séparé, les membres de la communauté sont invités à se présenter eux-mêmes et à rappeler leur rôle dans le dispositif, en aucun cas d'observateur ou de témoin. Dans une posture d'empathie inconditionnelle à l'égard de tous, ce rôle consiste à : écouter, entendre, comprendre ce que les participants souhaiteront échanger, les accompagner de manière inconditionnelle dans cette démarche et les encourager à persévérer dans le cheminement qu'ils ont entrepris vers un potentiel horizon d'apaisement. Mais leur rôle s'arrête là : ni participants au sens strict, ni animateurs.

Les rencontres plénières sont au nombre cinq, espacées d'une semaine. Elles sont d'une durée de trois heures, ponctuée par une pause conviviale. Les échanges sont libres, dans le respect de la dignité et de la parole de chacun. À l'issue de chaque rencontre, les groupes se séparent pour effectuer une synthèse de la rencontre, à la manière d'un « sas de ventilation des émotions » [1], en présence d'un animateur et d'un membre de la communauté. Deux mois après la cinquième rencontre, une rencontre « bilan » est organisée pour recueillir les caractéristiques du cheminement de chacun, par définition différentiel [2].

### 4°) Les cercles restauratifs extra-judiciaires

Ces cercles restauratifs ont été imaginés par L'IFJR pour les cas où l'action publique ne peut être introduite (auteur inconnu ou décédé, insuffisance formelle des preuves) ou ne peut prospérer (non-lieu pour abolition du discernement à cause de troubles psychiques, prescription acquise en matière d'infractions à caractère sexuel au sein de la famille, particulièrement). Aucune réponse n'est alors donnée aux personnes victimes et/ou à leurs proches, pas davantage aux membres de leurs communautés d'appartenance. Il en va de même pour les proches de l'auteur, voire pour l'auteur lui-même après une prise en charge psychiatrique de qualité. La circulaire du 15 mars 2017 a retenu ce dispositif comme étant

---

1. P. Mbanzoulou, Les rencontres détenus-victimes : une expérience française de Justice restaurative, *In Cahiers de la sécurité*, 2013-23, p. 83 et s.

2. V. N. Micoulet, A. Le Roué, L'expérimentation des rencontres condamnés-victimes en milieu ouvert menée par L'APCARS et le SPIP du Val d'Oise, *In* RJOI, 2015-21, p. 245 et s. ; sur la Justice restaurative en prison, V. not. B. Toews, *The little book of restorative justice for people in prison*, Ed. Good books, 2006, 92 p. ; G. Johnston, *Restorative justice in prison, Methods, approaches and effectivness*, pub. European Committe on crime problems, 2014, 17e rev, 18 p., rm.coe.int/16806f9905 ; B. Toews, This back yard is my serenity place : learning from incarcerated women about the architecture and design of restorative justice, *In Restorative justice. An international journal*, 2016-4-2, pp.214-236 ; I. Peleg-Koriat, D. Weimann-Sacks, The attitudes of prisoners towards participation in restorative justice procedures, *In The international Journal of restorative justice*, 201-2-1, pp. 49-72.

particulièrement pertinent relativement aux échanges susceptibles d'intervenir dans un espace de parole professionnalisé quant aux seules répercussions de l'acte, évidemment.

Il peut alors advenir, en cas de crimes graves, que ces personnes souhaitent néanmoins se rencontrer pour échanger sur les circonstances du conflit, *a priori* infractionnel. Mais il ne s'agira d'évoquer que les répercussions du crime, non pas ses conséquences (sanction, voire indemnisation), par définition non avenues pénalement. L'organisation du cercle est calquée sur celle d'une conférence restaurative, en présence de deux animateurs. À l'issue des échanges, il est possible qu'une décision commune récapitule les soutiens à articuler, en termes d'accompagnement psychologique et social des intéressés. Une activation de services professionnels peut avoir lieu, notamment auprès des associations d'aide aux victimes ou d'autres structures. La tenue du cercle restauratif a pour principaux objectifs : d'encourager chacun à mesurer l'impact humain, social et /ou matériel des répercussions de l'acte subi/commis ; d'amener les participants à envisager des modalités de régulation de ces répercussions [1].

### 5°) Les cercles restauratifs judiciaires

Ils s'inspirent des Cercles de sentence (encore dénommés Cercle de détermination de la peine) introduits en 1992 par les juges Barry STUART [2] (Yukon) et Jean DUTIL (Territoires Inuits) notamment, dans la justice pénale canadienne contemporaine

---

1. Comp. J. Faget, Les cercles restauratifs. Pour apprendre à vivre les uns avec les autres, 2018, blogs.mediapart.fr ; V. également les programmes mis en œuvre par D. Barter au Brésil, cerclesrestauratifs.org, reposant sur les techniques de la communication non violente, cnvc.org.

2. Circle sentencing : turning swords into ploughshares, *In* B. Galaway, J. Hudson (Eds.), *Restorative justice : international perspectives*, Willow tree pub., 1996, pp. 193-206 ; Guiding principles for peacemaking circles, *In* G. Bazemore, M. Schiff (Eds), *Restorative community justice : repairing harms and transforming communities*, 2001, p. 219 et s. ; B. Stuart, K. Pranis, Peacemaking circles on principal features and primary outcomes, *In* D. Sullivan, L. Tiff (Eds.), *Handbook of restorative justice*, Ed. Routledge, 2008, pp. 121-133.

afin d'établir des liens de proximité entre les cultures et de partager l'exercice de la justice, en présence des aînés, sous le contrôle et avec le soutien, selon les pratiques, des avocats des parties et des représentants des institutions judiciaires [1]. Ses promoteurs les décrivent comme un moyen de nature à conduire à l'appropriation (*empowerment*) par les participants du processus de justice mis en place, autour des valeurs de respect, de partage, d'honnêteté notamment, l'écoute étant culturellement considérée comme plus importante que la parole.

Ainsi élargis à tous les membres de la communauté qui souhaitent y participer, beaucoup plus impliqués en cela que dans les autres mesures de Justice restaurative, les cercles permettent également à chacun de s'exprimer sur les conditions de l'émergence du conflit, ses conséquences et répercussions (aux quatre plans affectif, physique, psychologique et spirituel).

La prise de parole est formalisée par la détention d'un « bâton de parole » (sans valeur symbolique quelconque) destiné à organiser les échanges : la détention du bâton oblige les autres participants à écouter la personne qui parle, sans l'interrompre. Tous les aspects du conflit, du point de vue de la personne infracteure, de la personne victime (ou de ses proches si elle a succombé à l'infraction commise) et de la communauté sont envisagés, dans une perspective globale. À l'issue des discussions consécutives, tous décident, en commun, de la réponse à apporter à la personne victime, à la personne infracteure et à la communauté. Après consensus obtenu, le juge homologue les décisions prises, tant en ce qui concerne les conséquences que les répercussions du crime. À défaut, la procédure classique reprend son cours. En France, il serait tout à fait possible de substituer, lors de la Session d'Assises, un Cercle constitué par toutes les personnes y consentant expressément (C. pr. pén., art. 10-1) et spécialement préparées, qui s'estiment impliquées et/ou impactées par le crime. Le magistrat présidant

1. V. not. M. Jaccoud, Les cercles de guérison et les cercles de sentence autochtones au Canada, *In Criminologie*, 1999-32-1, pp. 79-105 ; C. Grolimund, *La pratique des cercles de sentence sur le territoire du Yukon au Canada : une approche réparatrice de la justice criminelle*, 2018, Univ. Lausanne, multigraph., 37 p.

du cercle recevrait lui-même une formation adaptée à la philosophie et aux objectifs de la Justice restaurative.

### 6°) Les cercles de soutien et de responsabilisation (CSR) et les cercles d'accompagnement et de ressources (CAR)

De tels Cercles, se situent nettement à la marge des autres mesures que promeut la Justice restaurative, dans la mesure où ils s'adressent uniquement aux personnes infracteures. Leur pertinence n'est pour autant pas à remettre en cause. Il est néanmoins hasardeux de considérer qu'ils puisent leurs racines dans sa philosophie. Certes ils offrent à des bénévoles de la communauté un rôle essentiel dans la régulation des conflits et la lutte contre la récidive par l'accompagnement des sortants de prison vers une authentique autonomie de la personne bénéficiaire. Paradoxalement, la circulaire du 15 mars 2017 y renvoie, plaçant ainsi leur mise en œuvre sous les conditions de l'article 10-1 Code de procédure pénale.

S'inspirant de l'expérience déclenchée par le psychologue du pénitencier d'Hamilton en 1994 (Ontario, Canada) [1], les Cercles de soutien et de responsabilité [2] s'adressent à des personnes auteurs d'infractions à caractère sexuel (AICS), sortant de détention, présentant un risque élevé de récidive et se trouvant dans une situation de grand isolement social, au regard de la stigmatisation, du rejet réel – assez généralisé – des auteurs de ce type d'infractions. Si l'IFJR a soutenu la création des Cercles d'accompagnement et de ressources (CAR), à l'intention, la précision apparaissant essentielle, d'autres personnes infracteures présentant les mêmes caractéristiques, il maintient qu'ils demeurent éloignés des fondamentaux de la Justice restaurative. Les textes officiels, internationaux régionaux ou nationaux sont très clairs de ce point de vue : pour être

---

1. V. not. R.J. Wilson, J.E. Picheca, M. Prinzo, *Cercles de soutien et de responsabilité : évaluation du projet pilote dans le Centre-sud ontarien*, Rapport, 2005, Multigrah., pub. Service correctionnel du Canada, 45 p.

2. Dénommés *Circles of support and accountability* en anglais, il est préférable de traduire le terme « *accountability* » non pas par « responsabilité » mais par « responsabilisation », concepts en aucun cas synonymes.

restaurative, la mesure envisagée doit associer, du début jusqu'à la fin du programme la personne infracteure et la personne victime. C'est seulement s'il y a lieu, « que toute autre personne tout autre membre de la communauté » [1] peut y participer.

Ces Cercles leur proposent un accompagnement par des personnes bénévoles de la communauté, à un rythme adapté aux évolutions de leur réinsertion, jusqu'au terme de la reconquête la plus complète possible de leur statut de personne et de leur autonomie sociale. Structuré et sécurisé, le Cercle est placé sous la responsabilité d'un coordonnateur, professionnel spécifiquement formé. Il se compose de personnes « bénévoles de la communauté », très actives dans le déroulement de la mesure. En cas de difficultés rencontrées par le Cercle, des professionnels « ressources », appartenant à tous les cœurs de métiers de la chaîne pénale, pénitentiaire, socio-économique et culturelle, peuvent être individuellement saisis par le coordonnateur, avec l'accord du membre principal bénéficiaire [2], pour offrir expertises, avis et conseils.

De manière générale, le Cercle se réunit de manière hebdomadaire, en présence du ou des coordonnateurs. Néanmoins, les personnes bénévoles de la communauté (au nombre de quatre) sont présentes à tout moment, aussi longtemps que nécessaire, pour répondre, dans une posture d'empathie inconditionnelle, n'excluant pas la fermeté au regard de potentialités de récidive. Les attentes et besoins du membre principal bénéficiaire, sont diverses et souvent très spécifiques :

---

1. Comp. H. Lefebvre, E. Dieu, E. Issen, Les cercles de soutien et de responsabilité comme lien possible entre les principes Risques-Besoins-Réceptivité et la Justice restaurative, *In RICPTS*, 2018-3, pp. 334-350, spé. p. 347.

2. *European handbook. Circles of support and accountability [COSA]*, 2e éd. revised, 2015, circles4.eu ; Guide européen des cercles de soutien et de responsabilité, trad. 1re éd. [2011] par M. Chollier, F. Cochez, 2015, justicerestaurative.org ; J.-J. Goulet, Et si c'était ma fille ?, *In* R. Cario, P. Mbanzoulou, 2010, p. 63 et s. ; M. Clarcke, Brown, B. Völlm, *Circles of support and accountability for sex offenders. A systematic review of outcommes*, 2015, doi.org/10.1177 ; H. Elliott and al. (Ed), *Sexual crimes and Circles of support and accountability*, Palgrave Macmillan ed., 2018, 210 p. ; N. Azoulay and al., Circles of support and accountability (CoSa) : a review of the development of CoSa and its international implementation, *In International review of psychiatry*, 2019-31-2.

soutien et assistance dans la consolidation des démarches mises en place (logement, travail, soins principalement) ; accompagnement dans les aspects très concrets de sa vie quotidienne ; aide à se (re)socialiser, par un travail avec lui sur la (ré)acquisition de compétences sociales, la consolidation de l'estime de soi, indispensables à sa (ré)insertion sociale la plus harmonieuse possible.

En général, la durée d'un Cercle varie d'une à trois années. Chaque bénévole s'engage pour une durée d'un an, renouvelable. Différents bénévoles de la communauté pourront donc se succéder en cours de Cercle, à charge pour le coordonnateur d'assurer la transition. La clôture du Cercle intervient pour divers motifs : le retour à l'autonomie du membre principal ; l'abandon du Cercle par le membre principal ; l'absence d'investissement dans le Cercle par le membre principal ; la récidive du membre principal. La clôture du Cercle mis en œuvre doit faire l'objet d'un rapport succinct à l'intention du SPIP [1], dans le respect de la confidentialité des échanges au sein du Cercle.

### B. Le protocole standard de la mise en œuvre des mesures restauratives en France

Généralement, les mesures de Justice restaurative, susceptibles d'être mises en œuvre à toutes les phases du procès pénal, se déroulent, dans le cadre d'un processus dynamique, selon des modalités assez voisines sauf quant au nombre de participants. Les évaluations disponibles [2] soulignent que le processus même est aussi important que les résultats vers lesquels il tend, que l'échange, selon l'heureuse expression de Claude Levi-Strauss, vaut davantage que les mots échangés.

Les mesures de Justice restaurative suivent toutes un protocole standard rigoureux, établi par l'IFJR et les acteurs de terrain, avec des variantes en fonction des mesures restauratives

1. V. en ce sens, art. 10-1 C.pr.pén. et Circ. du 15 mars 2017, art. 5-3, b.
2. V. *Infra*, Chap. 4.

entreprises. Il se divise en trois phases successives : préalable (1°), préparatoire (2°) et opérationnelle (3°).

### 1°) La phase préalable à la mise en œuvre des mesures restauratives

Elle suppose que l'ensemble des partenaires locaux (justice, administration pénitentiaire, protection judiciaire de la jeunesse, associations d'aide aux victimes, associations socio-judiciaires, principalement) signent une convention de partenariat. Ce « comité de pilotage » désigne un « groupe projet » composé de professionnels des services, spécialement en charge de rédiger le cahier des charges, en nombre restreint pour être très concrètement opérationnel. Il doit respecter des consignes précises quant au respect des conditions posées à l'article 10-1 du code de procédure pénale (information complète, reconnaissance des faits), quant aux caractéristiques de la proposition de participation et, en cas d'accord (volontariat et consentement express), de l'orientation vers les animateurs, au sens large. Des formulaires spécifiques accompagnent ces différents moments (notamment pour garantir la gratuité, la confidentialité et la sécurité de la mesure envisagée).

### 2°) La phase préparatoire à la mise en œuvre des mesures restauratives

Les personnes intéressées orientées, les animateur(e)s des rencontres (spécialement formés, indépendants et impartiaux) organisent au moins trois entretiens individuels avec chaque personne orientée. Ils visent essentiellement à identifier ses motivations et ses attentes ; à vérifier et garantir le caractère volontaire de la démarche de la personne et lui rappeler la possibilité qui en découle de quitter le programme à tout moment ; à s'assurer de l'aptitude à écouter le(s) autre(s) participant(s) ; à la préparer à se projeter dans la rencontre, à l'aider à se construire des compétences personnelles pour poursuivre, plus avant, le processus et à envisager une possible rencontre avec l'autre partie ; à indiquer que les participants ne sont pas là pour créer des liens, encore moins des amitiés durant la session, mais pour cheminer à titre personnel vers un possible horizon d'apaisement.

### 3°) La phase opérationnelle de la mise en œuvre des mesures restauratives

Elle conduit généralement à la rencontre effective entre les participants, variable selon la mesure restaurative choisie. Néanmoins, plusieurs principes méthodologiques invariables sont à respecter. Le lieu des rencontres doit être propice à l'échange entre les participants, de nature à garantir la confidentialité des échanges, neutre dans la mesure du possible, aussi bien à l'égard des participants que d'un point de vue institutionnel. Il doit être adapté à leurs attentes spécifiques : place de chacun, configuration de la salle, équipement adapté notamment, car, à défaut, un espace inapproprié peut être potentiellement générateur de facteurs d'agressivité. Lors de chaque temps de rencontre plénière, les animateurs veillent, notamment, à rappeler le cadre de la rencontre, en particulier les principes de respect mutuel et d'écoute de la parole de chacun ; à garantir un temps de parole équitable entre tous les participants, permettant à chacun de s'exprimer pleinement et librement ; à garantir la sécurité et le confort de l'ensemble des participants.

Durant toutes ces phases, il est indispensable de sensibiliser tous les personnels pénitentiaires qui seront d'une manière ou d'une autre investis dans le programme : agent de probation référents des participants détenus, professionnels du soin, mais encore personnels de surveillance.

La communication avec les médias autour de ces dispositifs restauratifs (protocoles, résultats) est certes légitime mais extrêmement délicate, notamment au regard de la confidentialité qui les entoure. Cette garantie de confidentialité s'impose à tous, y compris aux intervenants, animateurs ou personnes bénévoles de la communauté. Le respect de la confidentialité des mesures doit conduire à confier la communication à un professionnel spécialement désigné par le « groupe projet ».

## C. La nature des accords éventuels entre les participants

Dans le cadre de la mesure restaurative choisie, en complément des sanctions et/ou réparations à venir ou de celles issues du jugement définitif, les parties peuvent envisager des accords particuliers. Ceux-ci sont généralement très concrets, portant sur des aspects de la vie quotidienne bouleversée par le crime, que la sanction de l'acte et l'allocation de « dommages-intérêts » ne permettent pas de prendre en compte. C'est là la richesse et la finesse des mesures de Justice restaurative : prendre en considération les besoins et déterminer les obligations de chacun en offrant aux participants l'opportunité d'échanger à un niveau de verbalisation qui leur est accessible, au contraire souvent des prestations juridiques officielles, décalées voire incompréhensibles (au sens propre de l'expression) pour les justiciables. Dans le cadre de la Justice restaurative, ces accords sont dans la plupart des cas exécutés grâce à la qualité du support que les proches ou les représentants de la communauté se sont engagés à apporter.

Il s'agit ici, par le dialogue, de négocier au travers d'une participation active de toutes les personnes et institutions concernées par le conflit, à titre complémentaire ou principal selon les Systèmes, la réparation des modifications pour l'avenir que le crime entraîne, dans le quotidien de la personne victime et de l'auteur depuis les faits. Et la plupart de ces répercussions, bien réelles mais paraissant trop éloignées d'une causalité directe, sont rarement prises en considération par le Système de justice pénale actuel. De manière bien plus concrète et globale, la personne infracteure prend alors conscience de l'ampleur des souffrances et difficultés causées par son comportement à la personne victime et/ou à ses proches, voire à la communauté.

Pour conclure sur la mise en œuvre concrète des mesures de Justice restaurative, il convient de préciser que les débats doctrinaux autour de la question de l'autonomie ou de la complémentarité entre processus pénal et mesures de Justice restaurative sont devenus obsolètes. Il ne fait aucun doute que les mesures restauratives sont performantes autant dans le champ de la prévention que dans ceux de la procédure pénale (en ses différentes phases) et de l'exécution des peines, voire même lorsque l'action publique ne peut ni être déclenchée, ni perdurer. Les évaluations scientifiques disponibles invitent cependant à la vigilance : risque d'extension du contrôle socio-pénal d'une part, risque d'instrumentalisation des acteurs de l'autre ; risque d'atteintes aux droits humains, notamment [1].

1. V. sur ces points not. L. Walgrave, Restorative justice, self-interest and responsible citizenship, *op. cit.*, p. 155 et s.

# 5

# L'évaluation des mesures restauratives

Nul ne contestera qu'il y a un véritable impératif à évaluer les mesures restauratives [1] ... tout comme les réponses socio-pénales classiques au crime devraient l'être, ce qui est exceptionnellement le cas [2]. En ce sens, les objectifs, les processus, le fonctionnement et les résultats des programmes de Justice restaurative devraient être évalués afin de savoir si ce que les praticiens font réellement correspond à ce qu'ils pensent réaliser. Dans le cas où un décalage est observé entre les projections et les pratiques, l'évaluation constitue un outil de perfectibilité des protocoles et des programmes de Justice restaurative pour ne conserver que les « bonnes pratiques » et les « pratiques prometteuses » (lesquelles ne représenteraient que 5 et 15 % respectivement de l'ensemble des programmes mis en œuvre pour lutter contre le crime). L'évaluation permet aussi de rendre des comptes à la société et aux bénéficiaires de la Justice restaurative. Mais l'évaluation implique encore que la philosophie restaurative, reposant sur des principes, des valeurs et une philosophie restauratives soit partagée par tous afin de mettre en place puis d'évaluer une « pratique basée sur des lignes directrices communes ».

1. H. Zehr, Evaluation and restorative justice principles, *In* E. Elliott, R.M. Gordon (Eds.), *New directions in Restorative justice*, 2005, pp. 296-303.

2. A. Morris, Critiquing the critics : a brief response to critics of restorative justice, *In British Journal of criminology*, 2002-42-3, pp. 596-615 ; rééd. *In* T. Newburn (Ed.), *Key readings in criminology*, 2009, Willan, pp. 732-737.

Les méthodes d'évaluation des programmes de Justice restaurative sont diverses et de qualité variable. Les plus abouties sont des méta-analyses qui intègrent une approche différentielle (un groupe de contrôle ou groupe témoin étant évalué comparativement au groupe ayant participé à une mesure de Justice restaurative) et longitudinale (s'inscrivant dans le temps). Les constats qui vont suivre proviennent de recherches scientifiques étrangères. En France, par manque inacceptable de moyens (absence de financement de postes de chercheurs dédiés à ce champ), extrêmement rares sont les recherches disponibles [1]. Des traits constants s'observent quant aux bienfaits (A) et aux limites avérées des mesures de Justice restaurative précédemment décrites (B) [2].

### A. Les bénéfices évalués des mesures restauratives

D'une manière générale, il est possible de remarquer que la Justice restaurative répond mieux aux attentes et aux besoins des justiciables, sans distinction significative relativement au moment de sa mise en œuvre (avant ou après poursuites, après condamnation) (1°). Les intervenants, spécialement formés, déclarent également tirer un réel profit professionnel de l'animation des rencontres, quelles qu'elles soient (2°). Finalement, la réaction socio-pénale au crime s'en trouve très nettement améliorée, notamment en termes de réduction de la récidive (3°).

---

1. V. cependant E. Matignon, B. Sayous (Dir.), *Évaluation nationale des programmes de Justice restaurative*, pub. IFJR, multigraph., 2018, 39 p. ; E. Matignon (Dir.), *Enquête nationale auprès des participants auteurs et victimes à la Justice restaurative*, IFJR, multigraph., 2019, 49 p.

2. V. not. C. Rossi, R. Cario, Restorative Justice : Acknowledged Benefits *vs* Emerging Issues, *In International journal of criminology,* 2016-4, pp. 131-154.

### 1°) En ce qui concerne les participants aux mesures restauratives

Pour demeurer très subjective, selon la personnalité de chacun, la nature des infractions, le déroulement de la mesure restaurative, la qualité de l'évaluation, **la satisfaction** des protagonistes est réelle. Qu'il s'agisse de médiations restauratives [1], de conférences, de cercles ou rencontres post-sententielles [2], toutes les personnes concernées par le conflit d'origine infractionnelle se sentent reconnues dans leur globalité de personne humaine et, partant, sont plus satisfaites, au plan émotionnel principalement [3], que lors des prises en charge par le système de justice pénale actuel. Plus précisément, dans les rencontres condamnés-détenus-victimes (RCV/RDV), les intéressés déclarent mieux comprendre le passage à l'acte pour les unes, mieux comprendre les personnes victimes et les souffrances endurées, pour les autres. En matière de médiation restaurative, les participants soulignent la qualité de la préparation, l'utilité de la rencontre et leur implication globale. Les membres principaux bénéficiaires des cercles de soutien et de responsabilisation (CSR) sont fiers de leur participation et mieux préparés pour faire face aux situations difficiles qui peuvent se présenter [4]. Les paroles échangées socialisent la vengeance. Le partage sincère des émotions élimine toute forme de vindicte, si souvent à l'œuvre dans le système actuel.

Chaque participant exprime un sentiment de libération à l'issue du processus et aucun n'éprouve de regrets à s'y être engagé. Occupant une authentique place d'acteur, les parties ont le sentiment d'avoir pu s'approprier la mesure restaurative de manière équitable et d'avoir eu la chance de donner leur avis sans

---

1. M. S. Umbreit and al., *The handbook of victim offender mediation : an essential guide to practice and research*, 2001, p.161 s.

2. *Ibid.*, p. 255-290.

3. F. Crégut, *L'approche restauratrice dans la justice juvénile*, multigraph., 2016, Terre des Hommes, www.tdh.ch.

4. L. W. Sherman, H. Strang, *Restorative justice : the evidence*, 2007, p. 62 et s.

avoir à subir de pressions de la part de quiconque [1]. De tels constats s'expliquent par le fait que chaque participant, quelle que soit la mesure, s'investit dans une posture d'*empowerment* [2], d'appropriation des dispositifs.

La majorité des personnes impliquées estime que justice leur a été rendue et qu'elles opteraient pour un tel processus si l'occasion devait se représenter, y compris en cas de crime grave [3]. Une plus grande confiance dans le système de justice pénale en découle. Inévitablement, la peur du crime (à nettement distinguer du sentiment diffus d'insécurité), en tant que conséquence d'une expérience criminelle vécue, diminue fortement [4]. Dans le même sens, le désir de vengeance s'estompe, la crainte d'être à nouveau victimisées diminue significativement chez les personnes victimes. Rencontrer en face à face la personne infracteure redonne du pouvoir à la personne victime et/ou à ses proches qui, en évaluant la sincérité de ses réponses, envisage, au fur et à mesure des rencontres, toute son humanité, quoi qu'il ait commis. Dans le même esprit, par la rencontre avec

---

1. V. not. J. Chatterjee, Rapport sur l'évaluation de l'initiative de justice réparatrice de la GRC : degré de satisfaction des participants aux forums de justice communautaire, multigraph., 1999, p. 8 ; V. également M. Beaulac, Les rencontres détenus-victimes : des participants comblés, *In Les Cahiers de l'AQPV*, 2007-3, pp. 41-43 ; H. Strang and al., Restorative justice conferencing (RJC), using face-to-face meetings of offenders and victims : effects on offender recidivism and victim satisfaction. A systematic review, 2013-12, *In Campbell systematic review* ; D. O'Mahony, J. Doak, Reimagining restorative justice. *op. cit.*, p. 83 ; T. Van Camp, J. Wemmer, Victim satisfaction with restorative justice : more than simply procedural justice, *In I.R.V.*, 2013-19-2 ; C. Rossi, R. Cario, Les bienfaits de la Justice restaurative, *In* www.thyma.fr ; D. O'Mahony, J. Doak, *op. cit.*, p. 47-53.

2. Sur cette notion, V. not. J. Faget, Médiations : les ateliers silencieux de la démocratie, 2015, *op. cit.*, p. 157 : c'est la « restauration chez l'individu du sens de sa propre valeur et de sa force et sa capacité à traiter les problèmes de sa vie ».

3. M. S. Umbreit et al., *Ibid.*, pp.174-177, 195-252 ; K. Daly, Restorative justice and sexual assaults, *In British Journ. Crim.*, 2005-46, pp. 334-350 ; T. Rugge, R. Cormier, Restorative justice in case of serious crime : an evaluation, *In* E. Elliott, R. M. Gordon (Eds.), *New directions in Restorative justice*, pp. 266-277 ; I. Vanfraechem, Evaluating conferencing for serious juvenile offenders, *Ibid.*, p. 278-295.

4. P. Wallis, Understanding restorative justice, *op. cit.*, p. 108.

des personnes condamnées ou détenues anonymes, l'agresseur réel redevient une unique personne, nettement individualisée. Le retour en communauté s'en trouve énormément facilité par la confiance que l'on peut à nouveau accorder aux autres personnes, au corps social en son entier plus généralement.

Bien que ne reposant sur aucun protocole clinique, contre-productif en Justice restaurative, les mesures restauratives emportent des « effets thérapeutiques » incontestables. Des changements sur la santé psychologique et physique des participants sont observables : diminution de la colère, de la peur, de la honte ou de la culpabilité, tout comme de la dépression chez les participants ; améliorations sur le plan de la santé physique des intéressés ayant eu pour effet de réduire les problèmes de sommeil, de consommation de produits toxiques ou médicamenteux [1]. Cette forme de réparation émotionnelle, de soulagement [2], pourrait même parfois conduire à une réduction considérable des symptômes de stress post-traumatique chez les personnes victimes, particulièrement au cas de rencontres en face à face [3].

À plus ou moins long terme, la Justice restaurative affiche également des résultats éloquents dans la manière dont elle

---

1. V. T. Rugge, T. L. Scott, Incidence de la justice réparatrice sur la santé psychologique et physique des participants, Recherche correctionnelle : apport pour spécialistes, Sécurité publique du Canada, multigraph., 2009-03, 28 p., securitepublique.gc.ca ; T. De Villette, Faire justice autrement, *op. cit.*, p. 152 s. ; P. Mbanzoulou, R. Cario, La dimension psychologique de la Justice restaurative, *In Annales médico-psychologiques*, 2019-177, pp. 597-604.

2. V. not. M. Peterson-Armour, M. Umbreit, *op. cit.*, 2006 ; H. Strang, L. W. Sherman, E. Mayo-Wilson, D. Woods, B. Ariel, *Eod. loc.* ; C. Cunneen, C. Hoyle, *Debating restorative justice*, 2010, Hart Publishing, 195 p. ; F. Cregut, *L'approche restauratrice dans la justice juvénile*, 2016, publ. Terre des hommes, Médiathèque, tdh.ch.

3. M. Angel, L. W. Sherman, H. Strang, B. Ariel, S. Bennett, N. Inkpen, A. Keane, T. S. Richmond, Short-term effects of restorative justice conferences on post-traumatic stress symptoms among robbery and burglary victims : a randomized controlled trial, *In Journal of experimental criminology*, 2014-10-3, p. 291 ; D. O'Mahony, J. Doak, Reimagining restorative justice, *op. cit.*, p. 89 ; M. Thorsborne, Affect and script psychology, *In Restorative theory in practice*, 2016, p. 25-45.

permet la reconstruction du lien social. Rien d'étonnant à cela dès lors que l'un des trois objectifs déclarés de la Justice restaurative est bien consacré à ses effets sur la communauté, en termes de régulation du conflit de nature criminelle. En ce sens, un programme restauratif permet de bien plus profondément analyser les origines ou les effets du trouble social, les opportunités à le prévenir par la connaissance des facteurs de risque susceptibles de conduire au crime et/ou de le répéter... mais aussi et surtout par la consolidation de providentiels facteurs de protection.

Les mesures de Justice restaurative favorisent encore une meilleure responsabilisation des personnes au cœur des procédures qui les touchent [1]. Elles perçoivent mieux les lois en vigueur, mais aussi la justice et les procédures [2]. Traitées avec respect [3], elles recouvrent leur dignité souvent niée et sentent plus volontiers prêtes à adhérer aux lois en vigueur bien davantage que si elles devaient se contenter de les subir [4]. Plus fortement encore, la responsabilisation de la personne infracteure, en ce qu'elle assume la responsabilité de l'acte posé, ôte toute possibilité de blâmer la personne victime, la libère de toute culpabilité psychique relativement à la survenue de l'acte.

### 2°) En ce qui concerne les intervenants

Les mesures restauratives ont un impact sur les animateurs, au sens large, pour peu qu'ils soient effectivement indépendants, co-partiaux (*balanced partiality*) [5] et spécialement formés. Par la mise en œuvre de mesures de Justice restaurative, les animateurs, en général, déclarent retrouver le « sens de leur mission » première, de leur engagement dans leur cœur de métier :

1. J. Braithwaite, *op. cit.*, 2002 ; E. Weitekamp, H. Kerner, *Eod. loc*, 2003.

2. C. Fercello, M. Umbreit, *op. cit.,* 1998 ; H. Hayes, K. Daly, *op. cit.*, 2004 ; J. Latimer, C. Dowden, D. Muise, *op. cit.,* 2005.

3. E. McGarrell, N. Hipple, *op. cit.*, 2007.

4. L. W. Sherman, G. Barnes, *op. cit.*, 1997.

5. V. P. Wallis, Understanding restorative justice, *op. cit.*, p. 155 ; M. Ricard, *Plaidoyer pour l'altruisme*, 2013, p. 58.

communication intersubjective élaborée, accompagnement personnalisé des personnes en souffrance, consolidation des relations humaines et du lien social. Ils reconquièrent ces fondamentaux lorsqu'ils reviennent à leur activité principale, après une animation, quelle qu'elle soit, car les personnes qu'elles suivent (personnes infracteures ou victimes) précisent la plupart d'entre eux, ont changé depuis leur participation à un programme restauratif.

Les personnes bénévoles de la communauté, dans une posture d'empathie inconditionnelle à l'égard de tous les participants, leur offrent une écoute toujours bienveillante. Elles déclarent très fréquemment redonner aux participants la dignité qu'ils avaient perdue durant leur prise en charge judiciaire. Elles découvrent des personnes humaines en très grande souffrance, rejetées par tous mais désireuses de reprendre une place, plus responsable pour les uns, plus confiante pour les autres. Leurs accompagnements changent leur vie, leur enlèvent toutes sortes de clichés sur les personnes concernées par le crime et le traitement très insuffisant que le procès pénal leur a réservé. De surcroît, elles portent témoignages, dans leurs communautés d'origine, à la fois de l'utilité comme des insuffisances de la procédure pénale actuelle mais aussi de l'harmonieuse complémentarité des mesures restauratives. Dans le respect naturellement de la confidentialité des échanges.

### 3°) En ce qui concerne la réaction socio-pénale au crime

La réduction de la récidive, au-delà du réel mieux-être des participants, est un acquis majeur des mesures restauratives. Le taux de récidive apparaît généralement beaucoup moins élevé dans la mesure où la personne infracteure prend conscience qu'elle appartient à la communauté humaine [1]. Certes, les

---

1. L. W. Sherman, H. Strang, Restorative justice : the evidence, op. cit., p.68 s. ; *Ibid.*, Restorative justice as evidence base sentencing, *In* J. Petersilla, K. Reitz, *The Oxford handbook of sentencing and correction*, Oxford Univ. press, 2012, pp. 215-243 ; K.J. Bergseth, J.A. Bouffard, "Examining Effec-

évaluations ne portent que sur les condamnés ayant volontairement choisi de participer au processus, les plus engagés dans le crime le souhaitant peut-être moins. Les infractions pour lesquelles ces résultats se confirment le plus souvent sont celles commises avec violence, ou celles impliquant une atteinte à la propriété, d'autant plus lorsque les faits sont graves et sérieux [1]. En ce sens et par exemple, la probabilité que les personnes infracteures ayant participé à un forum de justice communautaire (voisin de la Conférence restaurative) récidivent est moindre d'un tiers que lorsqu'ils passent par le système pénal traditionnel. Il semblerait en aller de même en cas de médiation (environ 30 % de récidive en moins pour les participants par rapport aux non participants) ou de conférences du groupe familial (la récidive des participants est de 2 % sur 10 ans alors qu'en moyenne elle est de 13 % pour les personnes auteures d'infractions sexuelles et de 36 % pour les autres infractions) [2]. Davantage encore en ce qui concerne les personnes infracteures de crimes à caractère sexuel ayant bénéficié d'un cercle de soutien et de responsabilité : leur taux de récidive est évalué 8 à

tiveness of a Restorative Justice Program for Various Types of Juvenile Offenders," *In International Journal of Offender Therapy and Comparative Criminology*, 2014-57-9, pp. 1054-1075.

1. Comp. J. Bonta, R. Jesseman, T. Rugge, R.Cormier, Restorative justice and recidivism : promises made, promises kept ?, *In* D. Sullivan, L. Tifft (Eds.), *Handbook of restorative justice. A global perspective*, 2006, Routledge, pp. 108-120 ; K. J. Bergset, J. A. Bouffard, Examining the effectivness of a restorative justice program for various types of juvenile offenders, *In International journal of offender therapy and comparative criminology*, 2012-57-9, pp. 1054-1075 ; H. Strang and al., Restorative Justice Conferencing (RJC), Using Face-to-Face Meetings of Offenders and Victims : Effects on Offender Recidivism and Victim Satisfaction. A Systematic Review, 2013-12, *In Campbell systematic review* ; J. Wong, J. Bouchard, J. Gravel, M. Bouchard, C. Morselli, Can at-risk youth be diverted from crime ? A meta-analysis of restorative diversion programs, *In Criminal justice and behavior*, 2016-43-10, p. 1310 ; D. O'Mahony, J. Doak, Reimagining restorative justice, *op. cit.*, pp. 175-195.

2. J. Shapland and al., *Does restorative justice affect reconviction ?* The fourth report from the evaluation of three schemes, Min. of Justice, Research Series, 2008-10, pp. 10-42, nationalarchives.gov.uk.

12 fois moins important par rapport à ceux qui n'ont pas pu en bénéficier [1].

Soutenues par tous, les personnes infracteures modifient notablement leurs comportements et, le cas échéant, leur environnement. La stratégie qui domine la philosophie de la plupart des mesures de Justice restaurative introduit de l'empathie réciproque, communicative et renforce le réseau des relations entre les familles et les institutions, entre les services d'aide et de soutien (au bénéfice de la personne victime comme de la personne infracteure) et entre tous les membres de la communauté même [2]. Car c'est l'acte qui est désapprouvé, pas la personne ; la communauté « refuse d'abandonner aucun de ses membres, si profondément qu'ils aient été touchés, si méprisables que soient leurs actes » [3]. Il convient cependant d'être prudent dans l'interprétation de ces résultats, car c'est sans doute davantage la qualité du déroulement de la mesure restaurative et de son dénouement que dépend la réduction de la

---

1. V. not. A. Bates, D. Williams, C. Wilson, R.J. Wilson, Circles south east : the fisrt 10 years 2002-2012, *In International journal of offender and comparative criminology*, 2014-5, 19-42 ; J.A. Chouinard, C. Riddick, Circles of support and accountability. *An evaluation of the circles of support and accountability. Demonstration project : final report*, 2014, 104 p., justiceand-safety.ca/rsu_docs/cosa-final-report-with-cover.pdf ; G. Duwe, Can circles of support and accountability (CoSA) significantly reduce sexual recidivism ? Results from a randomized controlled trial in Minnesota, *Journal of experimental criminology*, 2018-14, pp. 463-484 ; K.J. Fox, Circles of support and accountability : final report prepared for the State of Vermont department of corrections, doc.state.vt.us/about/reports ; M. Hoing, B. Vogelvang, S. Bogaerts, « I'm a different man now ». Sex offenders in circles of support and accountability. A perspective study, *International journal of offender therapy and comparative criminology*, 2017-61, pp. 751-772 ; M. Northeutt Bohmert, G. Duwe, N. Kroovand Hippple, Evaluating restorative justice circles of support and accountability. Can social support overcome structural barriers ?, *International journal of offender therapy and comparative criminology*, 2016, doi.org/10.1177 ; R.J. Wilson, K.J. Fox, Why do we exclude the community in "community safety" ?, *In* G. Burford, J. Braithwaite, V. Braithwaite (Eds.), *Restorative and responsive human services*, (Eds.) Routledge, 2019, pp. 195-209.

2. P. Wallis, Understanding restorative justice, *op. cit.*, pp. 6-196, p. 141.

3. B. Bushie, *Réflexions sur le processus holistique de réconciliation de Hollow Water*, 1997, p. 141 s.

récidive [1]. Dans le même ordre d'idées, si le lien entre Justice restaurative et récidive est désormais clair, il est également prouvé que la baisse des taux de récidive n'est pas la conséquence directe de la participation à une mesure, mais un aspect de la somme des facteurs combinés associés à celle-ci (programmes pénitentiaires, résilience personnelle et sociale, désistance) [2].

Le système de justice pénale en son entier devient lui aussi heureusement bénéficiaire de la stratégie restaurative, plus humaine pour la personne victime et la personne infracteure ; plus crédible pour tous. Elle devient ainsi moins coûteuse : diminution du volume du contentieux répressif, moindre recours à la privation de liberté de courte durée, intégration de bénévoles formés, notamment. Naturellement, comme précisé précédemment [3], la mise en œuvre de mesures restauratives dans le champ de la prévention est essentielle.

De la même manière, la plus grande partie des acteurs sociojudiciaires considèrent que la complémentarité entre la Justice restaurative et le système de justice pénale est viable, qu'elle participe à son humanisation. Magistrats et professionnels de la chaîne pénale estiment que le recours aux mesures de Justice restaurative produit un précieux gain de temps pour tous. Le symbolisme d'une telle stratégie régulatrice est fort, car chacun a pu s'investir dans le dialogue, assumant

---

1. V. G. Duwe, Evaluating the Minnesota comprehensive Offender reentry plan. Result from a randomized experiment, *In Justice quaterly*, 2012-29-3, pp. 347-384.

2. V. not. sur cette notion, Desistance and restorative justice, *In Restorative justice : an international journal*, Special issue, 2016-4-3, pp. 289-384 ; S. Farrall, *The architecture of desistance*, Routledge ed., 2019, 320 p. ; P. Mbanzoulou, M. Herzog-Evans, S. Courtine (Dir.), *Insertion et désistance des personnes placées sous main de justice : Savoirs et pratiques*, Ed. L'Harmattan, Coll. Criminologie, 2012, 256 p.

3. V. not. C. Rossi, Les mythes et préjugés entourant la justice réparatrice : quelques explications, *In Porte Ouverte,* 2015-28-1, pp. 6-10 ; R.B. Walker, Judges who drive under the influence of alcohol : ethical implications and the role of restorative justice measures to balance judicial duty and societal expectations, *In Contemporary Justice Review,* 2012-15-3, pp. 323-337.

pleinement son droit à la parole comme son devoir d'écoute, favorisant par-là l'intercompréhension de tous [1].

## B. Les dangers observés lors de la mise en œuvre des mesures restauratives en France

Les recherches évaluatives soulignent également que la mise en œuvre des mesures de Justice restaurative peut conduire à leur instrumentalisation par les acteurs de la chaîne pénale (1°). Plus concrètement encore, il n'est pas rare de voir se développer sur le terrain français des pratiques très éloignées de la philosophie restaurative et des conditions posées à l'article 10-1 du code de procédure pénale (2°).

### 1°) L'instrumentalisation des mesures restaurative

Le risque d'instrumentalisation des mesures de Justice restaurative par les institutions judiciaires et les organismes « habilités justice » est bien réel et déjà palpable dans quelques programmes actifs en France. Alors même que l'article 10-1 prévoit expressément qu'elles peuvent intervenir à tous les stades de la procédure pénale, la circulaire du 15 mars 2017 consacre des développements importants à la phase des poursuites, ès qualités d'alternatives aux poursuites. Il convient de rapprocher ce constat de la manière dont a été détourné, depuis son adoption en 1993, le caractère restauratif de la médiation pénale [2]. Elle ne peut être dorénavant être mise en œuvre qu'à la « demande ou avec l'accord de la victime » (C. pr. pén., art. 41-1, 5°, mod. Loi du 13 avr. 2016). « L'accord des parties », expression restaurative symbolique s'il en est, n'est plus envisagé. Dans la mesure où les évaluations scientifiques les plus abouties s'accordent à reconnaître que plus les faits sont graves, plus le

1. V. Manuel sur les programmes de justice réparatrice, *op. cit.*, p. 88 ; P. Wallis, Understanding restorative justice, *op. cit.*, p. 108.

2. P. Mbanzoulou, La médiation pénale en France à l'aune de la loi du 9 juillet 2010, *In* R. Cario, P. Mbanzoulou (Dir.), La Justice restaurative, *op. cit.*, pp. 9-32.

cheminement vers l'apaisement des participants est important, grâce aux échanges, sur les seules répercussions du crime convient-il de rappeler, favorisés par l'espace de dialogue, consubstantiel des mesures restauratives, il faut être rigoureux quant au choix des contentieux éligibles. De la même manière, la réparation pénale à l'égard des mineurs a perdu tout caractère restauratif dans la mesure où, sur le terrain, les personnes victimes ne sont qu'exceptionnellement impliquées tout au long du dispositif. Une telle situation s'observe également ailleurs. En effet, selon les mesures restauratives, la présence effective de la personne victime est éminemment variable ; elle s'observe, par exemple, dans seulement la moitié des conférences restauratives, au sens large [1].

Dans le même sens, les évaluations indiquent que la personne infracteure comme la personne victime n'ont pas toujours la possibilité de poser un choix éclairé lors de l'acceptation de la mesure restaurative. À l'égard de la première, l'alternative avec des poursuites pénales classiques est souvent déterminante. Pour la seconde, il peut s'agir de la seule possibilité offerte pour éviter un classement immédiat de l'affaire.

La question du coût extrêmement élevé par rapport aux bénéfices escomptés dans le contexte de petite délinquance massivement traitée par les parquets doit être bien comprise. Quand les faits sont mineurs et les dommages (au sens large) faibles, une mesure de Justice restaurative n'est pas adaptée. Certes, ce n'est pas tant la gravité intrinsèque (objective) de l'acte qui doit conduire à proposer la participation à une mesure restaurative mais bien davantage sa gravité extrinsèque (subjective) en termes de répercussions pour l'avenir des personnes. Il demeure que les personnes victimes ont de surcroît besoin de temps pour parler et dépasser les traumatismes consécutifs à l'infraction. Convention de partenariat, élaboration des cahiers des charges, préparation des potentiels participants, mise en place des rencontres sont chronophages, donc coûteuses. Privilégier la mise en œuvre des mesures restauratives au stade

1. J. Filippi, *Droit pénal des mineurs et Justice restaurative. Approche comparée Franco-Belge*, Thèse, *op. cit.*, 2015, 483 p.

des poursuites apparaît ainsi disproportionné. Il est à craindre également qu'il ne s'agisse que d'un ajout « punitif », d'une extension du contrôle social (*net widening*), de la banalisation de crimes sérieux (notamment à l'égard des femmes) et de l'instrumentalisation de la personne victime dans la gestion des conflits intersubjectifs.

L'instrumentalisation de la Justice restaurative s'observe encore, de manière curieuse, par le constat selon lequel les professionnels concernés ont trop souvent tendance à se présenter comme experts de la situation. Par conséquent, les uns surprotègent les personnes victimes (en déterminant leurs besoins, à leur place), les autres guident les personnes infracteures (en déterminant les trajectoires souhaitées, à leur place). Si le clinicien et le juriste, au sens large, sont des experts de la situation des personnes dans les procédures classiques, en Justice restaurative, la personne est la seule experte de sa situation [1].

Dans le post-sententiel, adosser une mesure restaurative sur une sanction comprenant diverses obligations de faire ou de ne pas faire participe de la mission impossible. Comment en effet confondre consentement éclairé et adhésion à une obligation ? Le premier suppose que l'intéressé son accord plein et entier à une action ou une mesure de manière volontaire, expressément, en toute connaissance de cause, sans aucune obligation et/ou, le cas échéant, sans contrepartie. La seconde conduit l'intéressé à donner son accord à une action ou une mesure dans le cadre d'une obligation concomitante, sans avoir, objectivement ou subjectivement, le choix de ne pas y souscrire.

Une telle ambition vide de sa substance la notion même de volontariat, condition *sine qua non* pour le législateur. L'absence de contrepartie directe, quelle qu'elle soit, éclaire cette nécessité de consentement exprès. De la même manière que la mesure restaurative n'est pas un acte de procédure en toutes ses phases, elle ne saurait devenir une modalité de prise en charge de la

1. V. not. J. Filippi, Sensibilisation des éducateurs français aux démarches de la Justice restauratives (JR) : de la réticence à l'acceptation de la victime, *In Journal du droit des jeunes*, 2016-353 (Belgique), pp. 50-55.

personne poursuivie, encore moins une modalité d'exécution de la sanction. Surtout, le risque d'instrumentalisation de la personne victime est perceptible, car la plupart de ces mesures concernent bien plus directement la (re)socialisation de la seule personne infracteure. Comment concilier, enfin et pour l'essentiel, la possibilité offerte à tout participant de quitter, à tout moment, le dispositif restauratif et le respect concomitant des obligations assortissant l'octroi d'un contrôle judiciaire ou d'un sursis avec mise à l'épreuve notamment ?

### 2°) Le dévoiement des mesures restauratives

Improvisation et précipitation ne siéent guère à la Justice restaurative. Les évaluations disponibles soulignent, de manière unanime, que les bienfaits qu'elle procure aux participants proviennent non seulement de la philosophie humaniste qui l'anime mais encore de la méthodologie rigoureuse qui encadre les mesures restauratives. Cette rigueur se justifie pleinement par l'obligation impérieuse de ne jamais (re)victimiser les personnes à l'occasion des rencontres. Exposées précédemment, les différentes mesures restauratives reposent sur un protocole adapté aux pratiques professionnelles françaises, co-construit avec les acteurs de terrain. Elles supposent, tout d'abord, qu'un temps important soit accordé aux professionnels, spécialement formés, qui souhaitent s'investir dans cette démarche.

Il apparaît que, de manière très préoccupante, les principes de Justice restaurative enseignés aux praticiens ne sont pas nécessairement appliqués sur le terrain et conduisent à de grandes dérives. Insuffisamment préparés, les intéressés sont susceptibles d'être influencés par les professionnels en charge de leur suivi et/ou les animateurs (au sens large) [1].

Elles exigent, ensuite, que des moyens financiers conséquents soient disponibles, chacun mesurant le fort retour sur investissement constaté (en termes de gains judiciaires,

1. J.J. Choi, M.J. Gilbert, D.L. Green, Patterns of victim marginalization, in Victim-Offender mediation, *op. cit.*, pp. 113-132 ; A. Saulnier, D. Sivasubramaniam, *op. cit.*, pp. 378-387.

psychologiques et sociaux, notamment). Il a été démontré, en ce sens, qu'un programme restauratif réduisait en moyenne de 8 à 14 fois les frais engagés lors des procédures pénales classiques [1]. À défaut, la loi du 15 août 2014 deviendra lettre morte.

La tentation de s'écarter des préconisations contraignantes, tant législatives que praxéologiques, devient alors grande. Le peu de recul par rapport à la mise en œuvre et à l'évaluation de mesures authentiquement restauratives apparaît, dans le même sens, comme une invitation à qualifier de « restauratifs » des programmes qui ne le sont pas du tout, par « arrangements normatifs » [2] ou opportunisme pratique. Il n'est pas question de remettre en cause de tels programmes ; il s'agit simplement d'y affirmer qu'ils ne constituent pas des « pratiques restauratives » estampillées comme telles, pas davantage « partiellement restauratives » ou à « visée restaurative » [3]. Pour autant, ils sont pertinents dans le contexte strict de leur application.

Aujourd'hui, des mesures sont anormalement qualifiées de restauratives, comme le contrôle judiciaire socio-éducatif (C. pr. pén., art. 137 s.), la réparation de la victime (C. pr. pén., art. 41-1, 4°), les sanctions éducatives ( Ord. 1945, art. 15-1), la sanction-réparation (C. pén., art. 131-8-1), le travail d'intérêt général (C. pén., art. 131-8 et 131-2 ; Ord. 2 févr. 1945, art. 20-5), la réparation pénale à l'égard des mineurs (art 12- 1 Ord.45 ; art. 112-8 à 112-10 Ord. 2019) principalement [4]. Pour s'en convaincre, il importe simplement de constater qu'elles n'associent pas suffisamment, voire pas du tout, les personnes

---

1. H. Strang and al., *op. cit.*, 2013 ; V. également S. Maruna, Lessons for justice reinvestment from restorative justice and the justice model experience, *In Criminology and public policy*, 2011-10-1, p. 21.

2. V. Abdellaoui et al., *op. cit.*, p. 10.

3. V. W. Wood, M. Suzuki, *Four challenges in the future of restorative justice, in Victims and offenders. An international journal of evidence-based research, policy and practice*, 2016-24-1.

4. V. M. L. B., Mesures socio-judiciaires : vers un modèle de Justice restaurative ?, *In* , 2016-2944, p. 15 ; comp. S. Bellucci, R. Cario, P. Pottier, La Justice restaurative vise à apaiser l'auteur et la victime, *In ASH*, 2016-2953 ; Comp. Freins et leviers de la Justice restaurative, S. Abdellaoui, N. Amadio, P. Colin (Dir.), 2017, gip-recherche-justice.fr., *Synthèse*, 2017, p. 14.

victimes, leurs proches et/ou leurs communautés d'appartenance. En d'autres termes, elles ne respectent pas les conditions posées à l'article 10-1 du Code de procédure pénale.

Les groupes de parole, de la même manière, quand bien même ils introduisent à un moment donné de leur déroulement une personne ayant été victime (ou prenant en compte des personnes victimes) ne sauraient constituer une mesure restaurative. Pas davantage les cercles de résilience au bénéfice des personnes infracteures ou des personnes victimes. Pas davantage les parrainages de désistance qui, comme les Cercles de soutien et de responsabilisation, sont au seul bénéfice du membre principal bénéficiaire, sans toutefois en respecter le protocole rigoureux particulièrement soucieux d'éviter la revictimisation de l'un et la mise en danger des bénévoles de la communauté, seul en l'espèce [1].

Ainsi, la Justice restaurative ne saurait être assortie d'aucune forme de contrainte insidieuse, *a fortiori* directe. En ce sens, les mesures socio-judiciaires sont incompatibles avec une mesure de Justice restaurative, autant dans le pré- que dans le post-sententiel [2]. L'engouement pour ces pratiques novatrices ne doit en aucun cas conduire à équilibrer des budgets, certes très nettement insuffisants, des organismes habilités justice. La responsabilité de l'État, tout comme celle des citoyens en démocratie, sont, de ce point de vue, nettement engagées, au regard, de surcroît, des profils personnels caractéristiques de très grandes vulnérabilités (au sens large) des protagonistes du crime [3].

---

1. V. E. Dieu, Programme de parrainage de désistance (PPD) et cercle de soutien et de responsabilité (CSR) : synthèse des ressemblances et dissemblances pour une Justice restaurative adaptée en France, *In RICPTS*, 2018-3, pp. 351-362 ; E. Dieu, L. Merchat, Le programme de parrainage de désistance (PPD) : une mise en lien concrète de la Justice restaurative et de la désistance, *In Les cahiers de la sécurité et de la justice*, 2020, à paraître.

2. Comp. M. L. B., Mesures socio-judiciaires : vers un modèle de Justice restaurative ?, *op. cit.*, p. 15.

3. Sur ces profils, V. récemment A. Hachet, *Nouvelles figures de l'acte criminel. Du monstrueux au familier*, Ed. In press, 2015, 160 p. ; D. Zagury, *La*

Vouloir intégrer la Justice restaurative au sein du système de justice pour la promotion d'une nouvelle clinique judiciaire heurte profondément le caractère non thérapeutique des programmes restauratifs, gage de leur réussite [1]. S'empresser d'introduire les méthodologies propres à d'autres programmes, absolument pertinents en eux-mêmes, mais centrés sur le traitement de la personne infracteure, contredit le constat évalué que si la préparation des participants potentiels aux mesures restauratives, comme les échanges qui se déroulent dans les espaces de parole dédiés, sont susceptibles de conduire à l'apaisement de tous, c'est précisément parce que les animateurs, au sens large, n'utilisent pas ces outils, qualifiés de clinique par leurs promoteurs [2], de travail thérapeutique [3] généralement disponibles pour le suivi des personnes placées sous main de justice ou prises en compte par les services d'aide aux victimes [4]. De la même manière, les théories cognitivo-comportementales qui fondent le programme « Risques, besoins et réceptivité » sont en totale contradiction avec la démarche restaurative [5]. Toute forme de suggestion dans le sens d'un mieux-être pour les

---

*barbarie des hommes ordinaires. Ces criminels qui pourraient être nous*, Ed. de l'Observatoire, 2019, 199 p.

1. Comp. G. Coco, S. Corneille, Quand la Justice restaurative rencontre le *Good lives model* de réhabilitation des délinquants sexuels, 2009, erudit.org/fr/revues/pv/2009-v9-n1 ; J.-J. Urvoas, Lettre du Garde des Sceaux adressée à un futur ministre de la Justice, Dalloz actualité, 2017, p. 36, dalloz-actualite.fr.

2. V. not. W.R. Miller, S. Rollnick, *L'entretien motivationnel. Aider la personne à engager le changement*, 2è éd. 2013, InterEditions, 434 p., spé. p. 31.

3. V. M. Purvis, T. Ward, G. Willis, The good livres model in practice : offence pathway and case management, *In Intern. Journ. of probation*, 2011-3-2, pp. 4-28.

4. V. not. H. Lefebvre et al., *op. cit.*, p. 334 et s.

5. V. not. J. Bonta, D.A. Andrews, Modèle d'évaluation et de réadaptation des délinquants fondés sur les principes du risque, des besoins et de la réceptivité, *Rapport* à sa majesté la Reine du Chef du Canada, 2007, 2006-2007, p. 1 et s. ; J. Bonta, D.A. Andrews, *The psychology of criminal conduct* (1994), Routledge ed., 5th ed. 2016, p. 175 et s. ; J. Bonta, D.A. Andrews, *Le comportement délinquant. Analyse et modalités d'intervention*, Les Presses de l'Enap, 2018, 750 p.

participants orientés vers les animateurs, encore une fois spécialement formés pour se décentrer de leurs pratiques et postures professionnelles habituelles, risque de porter atteinte au caractère volontaire et éclairé de leur participation. Surtout, il importe de ne jamais oublier que les attentes formulées par les intéressés pour participer à une mesure restaurative sont différentielles et rien ne permet d'affirmer qu'elles seront satisfaites à leur clôture [1]. Refuser de s'investir pleinement dans un partenariat abouti entre tous les acteurs de la chaîne pénale, en y associant des personnes de la communauté, bénévoles et formées, en s'abstenant de toute discrimination subjective, en suivant un protocole rigoureux, conduira aux mêmes stratégies, très fortement remises en cause aujourd'hui, d'éclatement lors de la prise en compte des personnes concernées par le crime.

Parmi la multitude des écrits sur la Justice restaurative (en provenance de la doctrine ou de praticiens), deux expressions semblent être devenues consubstantielles de la mise en œuvre des mesures de Justice restaurative. Il s'agit, importe-t-il de préciser, de dérives ou de quiproquos dangereux. Comme signalé précédemment, le pardon ne saurait en aucun cas être un objectif de la Justice restaurative [2]. Il est même contre-productif notamment pour les personnes victimes ou leurs proches qui, dans la très grande majorité, en matière de crime grave, excluent toute idée de pardonner explicitement la personne infracteure. Qu'elles manifestent, après la rencontre restaurative quelle

---

1. E. Dieu, « Pourtant, ça pourrait répondre à vos questions et vous faire du bien ». La question du lien entre l'entretien motivationnel et la Justice restaurative, *In Annales médico-psychologiques*, 2020-178, pp. 117-122 ; Sur la méthodologie de l'entretien motivationnel, V. W.R. Miller, S. Rollnick, *op. cit.*, p. 26 et s. ; J. Braithwaite, Motivational interviewing and restorative justice praxis, *In* B. Pali, K. Lauwaert, S. Pleysier (Dir.), *The praxis of justice. Liber amicorum Ivo Aertsen*, Eleven Intern. Pub., 2019, pp. 33-40.

2. S. Jacquot, Pardonner l'irréparable. Pour une nouvelle justice, Ed. Salvador, 2018, 165 p., not. p. 93 et s. ; E. Jaffelin, Apologie de la punition, *op. cit.*, pp. 268-274 ; le programme « Sycamore tree », expérimenté récemment en France, conduit aux mêmes réserves, restorativejustice.org/we-do/sycamore-tree-project ; J. Anderson, Introducing and theorising an in-prison restorative justice programme : the second-generation Sycamore tree project, *In The international journal of restorative justice*, 2018-1-2, pp. 210-229.

qu'elle soit, une reprise de contrôle sur leurs émotions liées aux répercussions du crime, un mieux-être, une meilleure compréhension de l'acte et/ou une acceptation de l'humanité durable de la personne infracteure, ne saurait être assimilé à un pardon implicite de leur part [1]. La « guérison », en second lieu, est à traiter comme le pardon. L'application de ce concept à la Justice restaurative vient de termes employés par les autochtones [2] qui emploient ce mot pour désigner la guérison sociale (du groupe social et spirituel) et, en aucun cas, pour désigner le résultat d'une thérapie individuelle. Une telle métaphore peut avoir des conséquences néfastes sur les personnes victimes ou infracteures. De surcroît, les animateurs (au sens large), non spécialement avertis, pourraient se servir de la promesse de « guérison » pour attirer des personnes vers les mesures restauratives.

En résumé, il importe de se souvenir, comme le précise Catherine ROSSI [3] que les participants *sont* le programme et n'y vont que pour des raisons qui leur appartiennent. Tous (personnes victimes et infracteures, proches, membres de leurs communautés d'appartenance, citoyens) s'y investissent de la manière qu'ils désirent, posent les questions qui leur tiennent à cœur, s'y engagent à hauteur de ce dont ils se sentent capables. Ils sont – et la remarque est fondamentale – les seuls maîtres du déroulement de ces programmes. Bien qu'en tout temps un cadre d'animation strict soit nécessaire, sur le fond, chaque moment écoulé est contrôlé, dirigé, décidé par les participants eux-mêmes (la/les personne/s victime(s) autant que la/les personnes infracteure(s). De sorte que leur place, leurs actions et revendications, leur parole, leur liberté demeurent garanties et respectées, tout au long du processus restauratif. Le médiateur, animateur ou accompagnateur est garant du respect de tels principes.

---

1. V. not. J. G. Murphy, *Getting even : forgiveness and its limits*, 2003, Oxford University Press.

2. C. Rossi, Les mythes et préjugés entourant la justice réparatrice : quelques explications, *In Portes Ouvertes*, 2015, pp. 6-10.

3. V. C. Rossi, Les bienfaits de la Justice restaurative, *op. cit.*, p. 19.

Doit ainsi être qualifiée de mesure restaurative tout espace de parole, de dialogue, d'échanges qui associe, tout au long du déroulement du programme, personne infracteure et personne victime et/ou, selon les cas, leurs proches et leurs communautés d'appartenance. Informées de manière complète et détaillée sur les caractéristiques de la mesure, ces personnes doivent reconnaître les faits principaux de l'espèce et expressément consentir à y participer, en toute confidentialité. L'animateur (au sens large) des mesures doit être spécialement formé aux protocoles et techniques restauratives. Indépendant et impartial, il assure la préparation de tous, anime les rencontres en ayant le souci du respect du cadre et de la sécurité physique et psychique des intéressés. Chaque fois qu'il le souhaitera, le magistrat concerné s'assurera de la conformité de la mesure mise en œuvre et recevra un rapport de « fin de mesure », dans le respect de la confidentialité des échanges.

# 6

# Bilan de la mise en œuvre concrète des mesures restauratives en France

Les mesures de Justice restaurative ont vu le jour en France au début des années 2010. Timidement mais sûrement, tant il était nécessaire de se prémunir de potentielles revictimisations des participants. Leur mise en place s'observe de manière très significative grâce à la conjonction de deux événements essentiels en 2014 : la programmation de formations spécifiques au sein de L'ENAP (convention signée avec L'IFJR en juillet 2014 et mise en œuvre du premier module en décembre 2014) et l'intégration législative de la Justice restaurative par la loi du 15 août (art. 10-1 C.pr.pén.)(A). Le rôle pionnier de l'Institut a permis d'encadrer, aux plans théorique et pratique, l'information, l'accompagnement et l'évaluation des mesures, en relation très étroite avec les acteurs de terrain (B).

## A. Les actions concrètement mises en œuvre en France

Un nombre très significatif de professionnels en provenance de tous les départements (métropole et outremer) et territoires auront bénéficié d'une formation pour devenir animateurs d'une mesure de Justice restaurative. Il en va de même pour les actions de sensibilisation, notamment dans le cadre de « La semaine pour la Justice restaurative » organisée, pour la première fois en 2017, par l'Institut français pour la Justice restaurative [1]. D'autres actions de cet ordre sont certainement menées dans notre pays, mais à défaut de coordination nationale, il est impossible d'en rendre pleinement compte à ce jour.

Le rôle essentiel des Services pénitentiaires (au sens large), de ceux de la Protection judiciaire de la jeunesse, des Associations d'aide aux victimes ou de Contrôle socio-judiciaire doit être souligné. D'autres partenaires du monde associatif les ont rejoints, à titre collectif ou individuel, comme, notamment, les Centres d'information sur les droits des femmes et de la famille, l'Association nationale des visiteurs de prison, les Aumôneries de prison ainsi que des personnes bénévoles de la communauté (de toutes origines socio-économique et culturelle, de tous âges et genre). À quelques nuances près, leur investissement dans la mise en œuvre des mesures restauratives est remarquable. Plus prometteur encore, ils nouent des partenariats de grande qualité, dans la confiance, la réciprocité et la durée, qui ne manquent de bousculer quelques-unes de leurs pratiques habituelles. De manière tout aussi positive, nombre de juridictions soutiennent l'implantation de la Justice restaurative dans leur ressort.

***L'animation de la Justice restaurative sur le territoire national (métropole et outre-mer)***. Afin d'accompagner le plus largement possible l'intégration locale de la Justice restaurative, des services régionaux de Justice restaurative (SRJR) [2] sont actifs en quelques endroits [3]. D'autres se sont organisés en réseaux plus spécifiques [4]. Ces Services, au sens large, présentent beaucoup d'avantages localement, à la manière d'un « guichet unique », autant pour les justiciables désireux de se voir proposer une mesure restaurative que pour les professionnels souhaitant initier

---

1. justicerestaurative.org.

2. B. Sayous, *Rapport Apcars*, 2014, justicerestaurative.org.

3. Comme les SRJR « Île-de-France », « Pyrénées », « Martinique », « Nièvre », notamment.

4. Réseau des acteurs du Dauphiné pour la Justice restaurative (RADJR).

des programmes de Justice restaurative. Ils sont animés par un ou plusieurs professionnels, spécialement formés et uniquement dédiés à la promotion de la Justice restaurative. En ce sens, de manière proactive, ils rencontrent tou.te.s les institutions et organismes œuvrant dans le champ pénal pour les sensibiliser aux mesures de Justice restaurative, sur l'ensemble de leur territoire. Des actions de communication spécifiques sont également menées, auprès du plus large public : colloques, conférences, séminaires ; fourniture de dépliants, d'affiches ; site internet notamment. Ils facilitent encore la mise en œuvre des mesures de Justice restaurative en coordonnant l'action des partenaires qui le souhaitent. Dans la mesure où les professionnels dédiés sont formés à la mise en place des mesures de Justice restaurative, ils peuvent être amenés, en cas de nécessité, à animer des mesures sur leurs territoires respectifs. À ce maillage territorial, L'IFJR a ajouté des Antennes (V. *Infra*, 2°).

***Les référents en Justice restaurative***. La circulaire du 15 mars 2017 prévoit, très pertinemment, l'installation (art. 5.1 a) d'un « magistrat référent en Justice restaurative » à l'échelon départemental. Sur le terrain, ils sont très peu nombreux à ce jour, sans doute par manque de sensibilisation et de formation, laquelle se met timidement en place au sein de l'École nationale de la magistrature, en formation continue [1]. La création de postes de référents Justice restaurative est également éminemment souhaitable au sein des services départementaux de l'administration pénitentiaire, de la protection judiciaire de la jeunesse comme dans les associations chargées de la prise en charge des publics justice. Un référentiel emploi a d'ailleurs été construit à cet effet par l'IFJR.

1. V. sur cet aspect, not. The training needs of judges and public prosecutors and the judicial training offer to restorative justice in European Union, *In The international journal of restorative justice*, 2020, en cours de publication.

***L'absence de coordination nationale***. Il n'existe, à l'heure actuelle, aucune structure institutionnelle ou centralisée permettant d'affirmer la nature restaurative d'un programme par rapport à un autre, la qualité respective des méthodologies utilisées et de leur évaluation, la cohérence des formations (en contenu et en durée) selon les mesures à destination des acteurs de terrain. Une telle situation est véritablement problématique. Pourtant, les évaluations précédemment présentées ont souligné que des divergences importantes existent dans la manière de mettre en œuvre des mesures restauratives [1]. D'autres évaluations soulignent que la pratique de la médiation infracteurs-victimes, particulièrement en matière de crimes graves, apparaît tout à fait performante … à condition que les principes, les valeurs, les techniques et les fondements des approches soient respectés à la lettre [2]. Il est donc urgent de se pencher sur le point de savoir si les conditions de l'article 10-1 sont toujours remplies, si les trois phases des protocoles restauratifs sont pleinement abondées. À défaut, un programme restauratif peut vite se transformer en une véritable catastrophe [3].

***La création d'un Observatoire national pour la Justice restaurative***. Il est très difficile de savoir aujourd'hui ce qui se développe sur le territoire national : contenu et nombre de conventions signées ; nombre de programmes terminés, actifs ou en prévision ; contenu et durée de la formation des animateurs ; méthodologie des protocoles et des cahiers des charges ; préparation des participants ; rapport de fin de mesure, notamment. Une harmonisation au niveau national est impérative sur tous ces aspects. La communication généralisée, à partir

---

1. V. not. J. J. Choi, M. J. Gilbert, D. L. Green, *op. cit.*, 2013-59, p. 113.

2. L. S., J. Markway, K. Crockett, Evaluating victim-offender dialogue (VOD) for serious cases using Umbreit's 2001 Handbook : a case study, *In Conflict Resolution Quaterly*, 2011-29-11, 3-23.

3. V. A. Saulnier, D. Sivasubramaniam, Effects of victim presence and coercion in restorative justice : an experimental paradigm, *In Law and Human Behavior*, 2015-39-4, pp. 378-387 ; C. Rossi, R Cario, *op. cit.*, 2017 ; S. Abdellaoui, N. Amadio, P. Colin (Dir.), Freins et leviers de la Justice restaurative, 2017, gip-recherche-justice.fr.

d'outils transparents, quant à l'accès aux mesures restauratives, tant à l'égard des participants, du public le plus large que des acteurs de la chaîne pénale, est d'une urgence extrême pour éviter les dérives évoquées plus haut, sources inacceptables de victimisation secondaire. L'accréditation des organismes de formation et des services mettant en œuvre des programmes restauratifs s'impose de la même manière. L'observatoire serait surtout en mesure d'harmoniser l'inévitable évaluation, au niveau national, des mesures réalisées afin de disséminer les « bonnes pratiques » et, davantage encore, de ne pas reconduire les « mauvaises pratiques ». La création du « Comité national de Justice restaurative » (Circ. du 15 mars 2017, art. 5.4.b) est sans aucun doute à saluer. Mais il n'est composé, à ce jour, que de représentants des directions du ministère de la Justice. Ce comité ne pourra en aucun cas mener de telles tâches, sinon dans la définition des orientations de la politique pénale en matière de Justice restaurative. Il importe que cet « Observatoire national pour la Justice restaurative » soit constitué de représentants ministériels (justice, santé, intérieur, sports, condition féminine, notamment), d'experts, de chercheurs et de praticiens de terrain. Il pourrait être placé sous l'autorité du Premier ministre qui déléguerait à l'organisme idoine la responsabilité de mener à bien ces missions. À défaut d'une telle création, instrumentalisation et dévoiement des mesures de Justice restaurative se manifesteront de manière implacable, au détriment des participants déjà suffisamment vulnérabilisés par le crime agi ou subi.

***L'état actuel du développement de la Justice restaurative***. Quoi qu'il en soit, le développement de la Justice restauratice est patent en France entière [1]. À la demande du Ministère de la

1. L. Ducré, M. Hemmerich, « Il y a le procès puis plus rien », *In Le Monde diplomatique*, 2016-12, pp. 12-13 ; N. Bougeard, Justice restaurative. Punir et réparer, *In Lien social*, 2015-1170, pp. 25-31 ; L. Annelli, Justice restaurative. La fin de la logique punitive, *In Dedans-dehors*, 2016-94, pp. 11-35 ; O. Hielle, Une nouvelle méthode pour panser toutes les plaies, *In Ash*, 2017-3038, pp. 20-21 ; A. Coignac, Justice restaurative : la réparation les yeux dans

Justice (SADJAV), l'IFJR a réalisé une évaluation nationale des programmes de Justice restaurative [1]. Au 31 décembre 2017, 56 programmes ont répondu à l'évaluation. Parmi les structures concernées, 43 ont accepté de participer à l'évaluation. Ces programmes, validés par une Convention de partenariat généralement tripartite (Justice, SPIP et AAV) comportent souvent plusieurs mesures restauratives, assez fortement soutenues par l'Institut, au moins lors de la première mise en œuvre (formations, accompagnement, supervision technique, notamment).

Ont été ainsi identifiées 112 mesures actives dont 65 sont terminées, 47 en cours de mises en œuvre et 11 en projet. Les mesures concernent majoritairement les Rencontres condamnés-victimes (RCV, en milieu ouvert), les rencontres détenus-victimes (RDV, en milieu fermé), de plus en plus de médiations restauratives et quelques Cercles de soutien et de responsabilisation (CSR) ou des Cercles d'accompagnement et de ressources (CAR). En 2017, la nature des infractions retenues se caractérise par des violences sérieuses : sexuelles, conjugales, familiales ou encore à l'occasion de vols, ou dans le cadre de violences volontaires entre personnes ne se connaissant pas. Les participants sont essentiellement des majeurs. Cependant, depuis cette date, la Protection judiciaire de la jeunesse (PJJ) expérimente, sur 10 sites pilotes, des mesures restauratives impliquant des personnes mineures infracteures [2].

L'enquête nationale met également l'accent sur les aspects considérés comme positifs par les services partenaires : cohérence de l'offre restaurative, décloisonnement favorisé par une collaboration riche entre services ne se côtoyant pas ordinairement, enrichissement des pratiques professionnelles.

---

les yeux, *In Dalloz-Actualités*, 26 nov. 2018 ; C. Perragin, Victimes et condamnés en tête à tête, *In Marianne*, 2018-1089, pp. 32-36 ; L. Martin, Justice restaurative. Quand le dialogue répare, *Sang-froid*, 2018-10, pp. 91-11.

1. IFJR, 2019, multigraph., 39 p., évaluation coordonnée par E. Matignon et B. Sayous.

2. V. Not. L. Mucchielli (Dir.), *La délinquance des jeunes*, La doc. Française, 2014, pp. 9-149.

L'importance du respect du protocole est soulignée, particulièrement la préparation des potentiels participants. Les verbatim sont éloquents à ces divers points de vue : « *La justice restaurative permet de faire exploser une approche binaire des problématiques auteurs / victimes* » ; « *En termes d'accompagnement de la personne, il s'agit de pouvoir se décaler, de sortir du champ judiciaire et de la probation* » ; « *Je fais toujours le même métier mais, après avoir animé une rencontre, je n'entends plus les mêmes choses dans mes entretiens avec les* PPSMJ *que je suis* » ; « *Au niveau des professionnels, ça leur permet de se dynamiser, de diversifier leurs compétences* ». Les collègues du Service déclarent eux-mêmes observer un changement d'attitude chez les personnes qu'elles suivent : « *Ce n'est plus le même homme* » ; « *Depuis qu'il a participé à la rencontre, il est à l'heure, il respecte ses obligations, il n'est plus dans le déni, il a vraiment changé* ».

Inévitablement, des difficultés dans la mise en œuvre des mesures restauratives sont pointées : la différence de temporalité entre le temps de la justice pénale et celui de la justice restaurative ; le rythme et le langage différents entre SPIP et AAV ; le délicat recrutement des participants potentiels ; l'aspect chronophage du processus restauratif ; le financement des programmes, plus généralement la politique des services en matière de justice restaurative, inégale selon les territoires.

À la suite de cette évaluation nationale, non exhaustive en 2017 mais reconduite régulièrement, l'Institut a conduit en 2019 une Enquête nationale auprès des participants auteurs et victimes à la justice restaurative [1]. Les entretiens, semi-directifs, se sont déroulés en 2018. Ils ont concerné 23 personnes sur les 40 contactées : 13 personnes victimes et 10 personnes auteurs. Ces entretiens ont été organisés en plusieurs parties autour : de l'expression de la parole et de l'écoute au sein de cet espace de dialogue inédit ; de l'ouverture vers de nouvelles perspectives d'apaisement ; des outils mis en place dans le dispositif sécurisé ; des spécificités de la médiation pénale et des insatisfactions et

1. IFJR, fév. 2020, supervisée par E. Matignon, multigraph., 60 p.

points d'amélioration. Les verbatim qui vont suivre proviennent de paroles de participants à des RDV ou à des RCV.

Pouvoir se raconter dans un espace dédié, dans le respect mutuel, sans jugement, en toute confidentialité, après des entretiens de préparation avec des animateurs formés, indépendants et impartiaux, a permis la libération de la parole chez tous les participants. « *Les rencontres permettent une réelle libération de la parole* » selon une personne infracteure. « *J'ai pu dire ce que je ressentais et leur dire qu'une infraction comme celle-ci peut avoir des répercussions [...] Dès la première rencontre ça a eu un impact sur moi, j'ai pu prendre la parole et dire ce que j'avais à dire, c'était fort en émotions et c'était bien, j'ai eu l'occasion de déverser le trop-plein que j'avais* », précise une personne victime. Devenir acteur, se raconter en résonance à l'autre a également été constaté. « *Je me sens mieux, le fait d'avoir parlé des faits que j'ai faits, ça m'a fait du bien de me vider, j'ai compris pourquoi ma fille ne voulait plus me voir* ». « *J'ai pu dire des choses que je n'avais jamais dites avant, les choses sont sorties naturellement, je me sentais bien en confiance* ». L'espace de dialogue dédié permet d'être, entendu, compris. C'est le cas de personnes victimes : « *Se sentir moins seule, avoir des personnes qui vous comprennent, les disent « passe à autre chose », on s'en prend plein la tête [...] Il y a une compréhension qu'on n'a pas ailleurs [...]. On en sort libérée* ».

Au cours de ces rencontres, les auteurs cheminent de la crainte vers la confiance : « *Ces victimes malgré qu'on était écroués et tout, elles nous ont pris pour des gens normaux. Je pensais qu'elles allaient nous regarder de travers* ». Un autre auteur ajoute : « *Au début, j'étais renfermé sur moi-même et, au fil des rencontres, j'arrivais mieux à discuter et à parler avec eux* ». L'humanité qui englobe ces rencontres conduit à la découverte et au partage d'émotions entre les participants : « *Ça permet de comprendre les auteurs, de les humaniser, quand on a eu une agression comme ça, ça déshumanise un peu la personne. Comme on ne l'a pas retrouvée, j'avais du mal à matérialiser cette personne, je le voyais un peu comme un spectre. C'était tellement violent que j'avais presque l'impression que ça n'avait pas existé. Cela m'a permis d'ancrer cette situation avec des visages* ». Un auteur ajoute : « *C'est très important. J'ai le sentiment qu'elles nous ont compris et qu'on n'est pas des monstres. C'est une reconnaissance. J'ai eu ce sentiment surtout à la fin* ».

Tous les personnes déclarent que ces rencontres participent d'un processus de réparation : « *C'est de pouvoir poser aux auteurs toutes les questions que l'on se pose dans ces cas-là, pourquoi ma maison ? Qu'est-ce qu'ils cherchaient ? Pourquoi ils en sont arrivés là ? Comment c'est possible ?, je crois que ce qui m'a le plus apporté c'est de pouvoir poser les questions directement aux auteurs* ». De la même manière chez les personnes auteures : « *Les victimes elles ont dit qu'elles se sentaient plus victimes. Oui j'ai le sentiment d'avoir pu contribuer à leur réparation* ». « *Ça a été une libération, le soulagement d'un poids de pouvoir accéder à ces rencontres car j'ai pu m'exprimer, laisser s'exprimer les victimes et comprendre leur souffrance* » ; « *Ce respect et cette empathie se sont transformés en bienveillance [...]. C'est des choses dont on se souvient toute sa vie de cette bienveillance* ». Des personnes victimes soulignent en ce sens : « *La perception des condamnés a évolué, au fil des rencontres. Ils ont pris conscience des conséquences d'une infraction. Ils ont fait un pas. Au début, j'avais l'impression de parler à un mur, après on a pu avoir des dialogues plus sincères avec les auteurs* » ; « *On était ravi de voir qu'ils s'amélioraient à force de nous voir* ».

Quant au protocole des mesures, les participants sont unanimes relativement à leur organisation, tant en ce qui concerne la préparation que le déroulement de la Session de rencontres. « *La situation était extrêmement cadrée donc c'était apaisé. J'étais vraiment à l'aise et en sécurité* » ; « *Comme c'est bien cadré, c'est rassurant. [...]J'ai trouvé ça impeccable car il y avait plusieurs rendez-vous de préparation, ils anticipaient nos angoisses. [...] Au début je trouvais cela un peu long mais tout à fait cohérent quand je me suis retrouvée en groupe. C'est tout à fait nécessaire car c'est beaucoup plus fort que ce que l'on peut imaginer. C'est intense et après chaque semaine faut pouvoir assumer tout ce qu'on a entendu, ça remue beaucoup donc ça se prépare* ». « *Finalement, au moment où on sent tellement d'humanité, de respect, de confiance, car le cadre est fait en sorte que, justement, il y a cette confiance qui se met en place dès le premier jour. Du coup on se livre beaucoup plus qu'on aurait pu imaginer* ».

Pour les participants, les animateurs occupent une place essentielle : « *Ils ont été des personnes fondamentales dans mon histoire* » ; « *Elles étaient très présentes tout en restant effacées pendant les rencontres. On voyait qu'elles étaient présentes à travers leur regard, leur façon d'être, leur prise de parole parfois pour rediriger la discussion quand quelqu'un dérivait* » ; « *Sans eux ça n'aurait pas eu la même dimension. Sans leur bienveillance, leur calme, leur patience aussi parce que ce n'est sans doute par toujours évident, et le professionnalisme. Je trouve qu'ils étaient garants du fait que les rencontres se passent bien* ». Le rôle des membres de la communauté, rarement évident au début des rencontres, est également apprécié : « *Ça faisait une béquille, un soutien et j'ai aimé l'image que ça représentait, l'image d'entente, d'être écoutée. Il me semble que c'était bien que des gens extérieurs puissent entendre notre histoire. [...] S'ils n'avaient pas été là, il aurait manqué quelque chose. Ça nous donne une importance pour nous victimes, pour les auteurs je ne sais pas mais peut-être c'est dans le sens où les gens croient en eux et en leur capacité de changement* » ; « *Et puis ce qu'il y avait de bien, c'est qu'il y avait deux autres personnes qui étaient avec nous. [...] Des civils on peut dire. [...]. Et même leurs réflexions sur nos propos étaient intéressantes, avec le recul de ceux qui ont vécu une vie on va dire une vie normale entre guillemets* ».

Les rencontres offrent encore la possibilité de se « *rencontrer soi-même* ». « *Ça m'a fait comprendre que je pensais que j'étais que ce que j'étais en réalité. C'est une bonne chose car j'ai tendance à penser que tout va bien, à enfouir. C'est une prise de conscience de ma fragilité* » ; « *Moi, cette expérience m'a ouvert les yeux, que je devais apprendre à oraliser et à m'exprimer et non pas à être frustré sur moi, à engranger cette frustration et qu'elle déborde à un moment en coups. [...] Un travail sur moi-même en définitif* ».

De multiples aspects ont encore été révélés par cette pertinente enquête, de l'ordre de : l'intérêt du « filet » psychologique, rarement mobilisé ; l'importance du bâton, régulateur des échanges ; la reconquête de l'estime de soi ; la diminution de la culpabilité à n'avoir pu empêcher les faits de se produire ; l'acceptation de ne finalement pas avoir de réponse ; la réduction de la peur dans la vie quotidienne ; l'empathie réciproque, parfois ambivalente par rapport aux proches ; la confiance en l'autre ; d'un regard tourné dorénavant vers l'avenir ; de l'espoir d'une non-récidive, principalement.

Bien sûr, l'enquête n'élude pas le fait que des améliorations doivent être apportées lors de la mise en œuvre des mesures de justice restaurative, dans les RDV/RCV plus précisément : préparation plus fine des participants quant à leur aptitude à se remettre en cause ; meilleure correspondance entre les faits subis et commis ; envisager une durée plus longue des rencontres plénières, principalement.

Les deux enquêtes qui viennent d'être présentées indiquent, pour l'une, une intégration réelle sur le territoire national des mesures restauratives dans les pratiques professionnelles des Services concernés, pour l'autre, une grande satisfaction des participants en ayant bénéficié. L'authenticité des espaces de parole favorise la dimension relationnelle et l'ouverture à l'autre, consolide l'humanité de chacun. La richesse des échanges et l'apaisement qui en découlent sont d'autant plus remarquables, alors même que d'aucuns les considèrent encore comme définitivement improbables [1].

Certes ces enquêtes ne peuvent en aucun être représentatives des bienfaits des mesures restauratives. La taille de l'échantillon, pour être aléatoire, est trop peu importante. Il demeure que les constats observés se rapprochent très fortement de ceux établis par les évaluations scientifiques les plus abouties [2]. Il ne fait alors aucun doute que de telles recherches doivent être systématisées,

---

1. V. Conclusion de l'enquête nationale auprès des participants auteurs et victimes à la Justice restaurative, *op. cit.*, p. 44-45.

2. V. *Supra*, Chap. 4.

portées sur un temps long et être randomisées avec une population de personnes impactées par le crime n'en bénéficiant pas. C'est à cette seule condition que les bonnes pratiques se généraliseront. Mais une cette légitime ambition commande aux Autorités publiques d'en fournir les moyens aux chercheurs de l'IFJR. Et plus généralement aux Centres nationaux de recherche ainsi qu'aux équipes universitaires, que l'on constate très anormalement peu mobilisés sur cette question essentielle de société. Pour sortir, enfin, de la logique punitive qui envahit, encore trop massivement, notre Système de justice pénale.

## B – Le rôle pionnier de l'IFJR

La création de l'Institut en 2013, reconnu d'intérêt général, est née de la nécessité, au regard de la mise en place des premières expériences, d'offrir aux institutions et services désireux de mettre en place des mesures de justice restaurative un lieu de référence sur l'état de l'art restauratif (philosophie, processus, recherches scientifiques évaluatives). Le développement exponentiel des demandes en provenance du terrain a conduit à ajouter à cette démarche de vulgarisation un véritable projet d'accompagnement des programmes. Les lois de 2014 et 2015, la circulaire de 2017, l'ordonnance du 11 septembre 2019 consolident ses ambitions de partage [1].

L'Institut français pour la justice restaurative (IFJR) réunit des chercheurs et des praticiens, experts de la justice restaurative, intervenant quotidiennement aux côtés des professionnels de la chaîne pénale (Institution judiciaire, Administration pénitentiaire, Protection judiciaire de la jeunesse, Associations d'aide aux victimes notamment) pour faciliter le développement et la mise en œuvre de programmes de justice restaurative sur l'ensemble du territoire (métropole et outre-mer). L'Institut conçoit ses actions comme étant au service des professionnel(le)s, investi(e)s ou non dans la mise en œuvre de missions de justice restaurative, au bénéfice des personnes victimes et auteures, de leurs proches et de l'ensemble des

1. justicerestaurative.org

personnes concernées par les conséquences directes du conflit de nature infractionnelle et par ses répercussions d'ordre personnel, familial, culturel et plus largement social. Toutes ses actions sont inspirées par la philosophie d'une offre de justice respectueuse de l'humain, centrée sur la personne, dans le souci d'une parité aboutie et d'une laïcité revendiquée, tournée vers la restauration de l'harmonie sociale, dans le respect du socle commun que constituent les valeurs de la République. La garantie du respect de ces principes est assurée par son code de déontologie, auquel adhèrent les promoteurs des programmes de justice restaurative qu'il accompagne.

Les missions de l'IFJR participent d'une finalité globale de partage de connaissances, de professionnalisation et d'optimisation des processus et pratiques en vue d'une adaptation fine aux attentes des justiciables à l'égard du système de justice pénale. Un ensemble d'outils d'aide au développement partenarial des projets garantit leur qualité et leur pertinence sur la base de bonnes pratiques évaluées scientifiquement. Partant, les missions qu'il mène sont variées :

. affirmation des principes fondateurs de la justice restaurative, des points de vue théorique et pratique, en totale transdisciplinarité ;

. définition de ses conditions de mise en œuvre, présentation des mesures qu'elle promeut, éclairages sur ce « qu'elle n'est pas » ;

. construction de modèles de protocoles de mise en œuvre des programmes et des mesures de justice restaurative pour faciliter leur développement par leurs promoteurs ;

. accompagnement des projets de justice restaurative, en qualité de partenaire avec leurs maîtres d'œuvre, afin de favoriser des rapprochements techniques, des liens partenariaux et des soutiens divers ;

. aide par la fourniture d'outils pratiques facilitant la communication, l'orientation, le recrutement, la préparation et, plus largement, la mise en œuvre des projets ;

. valorisation des bonnes pratiques et innovations, après les avoir évaluées de manière indépendante, longitudinale et différentielle, dans le cadre d'un « Observatoire des pratiques » ;

. réunions régulières des professionnels lors de « conférences régionales ou internationales de concertation », sur un thème fort ou relativement à des interrogations sur les pratiques, ouvrant un espace de discussion accessible à toutes et tous. Pour que l'on ne puisse pas dire « on ne savait comment cela marche », afin d'éviter toute nouvelle victimisation des participants.

En ce sens l'Institut a produit divers documents à destination des professionnels, des participants et du grand public : « La justice restaurative : une innovation au service de l'humain », « Guide de l'orientation en justice restaurative », livret à destination des « Membres de la communauté en justice restaurative », dépliants concernant les « Rencontres détenus/condamnés-victimes » (à l'intention des personnes infracteures d'une part et des personnes victimes, de l'autre), la « Médiation restaurative », la « Conférence restaurative », notamment. À terme, toute la gamme des mesures présentées plus haut fera l'objet d'un même traitement communicationnel. Dans le même esprit, un modèle type de « convention de partenariat » a été réalisé [1]. Plus utilement encore, un protocole standard et des protocoles spécialisés par mesure (RDV/RCV, médiation restaurative, cercles de soutien et de responsabilisation, cercle d'accompagnement et de ressources, Conférence restaurative, principalement) ont été créés, en lien étroit avec les praticiens.

L'IFJR assure, depuis sa création, un nombre considérable (près d'une trentaine par an) de journées de sensibilisation sur la justice restaurative, sous forme de conférences, séminaires, journées d'étude en divers lieux et à l'intention de publics très variés. Il est fréquemment contacté par les médias (presse écrite, audio-visuelle) sur la justice restaurative en général, les rencontres détenus-victimes en particulier. Quelques-uns de ses membres ont été interviewés dans des documentaires, de plus en plus nombreux, réalisés en France [2]. Grâce à une subvention

1. V. Annexe de la circulaire du 15 mars 2017.

2. Le projet imagine, Frédéric Bedos, *La Justice restaurative*, 2013 ; Marjolaine Dorne, Alexis. Orand, *Quand détenus et victimes se parlent*, 2014 ; Johanna Bedeau, *Détenus, victimes : une rencontre*, 2017, projeté sur Antenne 2, Infra rouge, 2019, suivi d'un débat ; Maïana Bidegain, *Rencontre avec mon*

versée par une fondation, l'IFJR et France-Victimes ont co-réalisé un film portant témoignage de deux sessions de rencontres détenus-victimes à Poissy en 2010 et 2014.

En janvier 2017, l'Institut a tenu sa première conférence internationale de concertation sur la justice restaurative à l'UNESCO, avec un large panel d'intervenants étrangers. L'Institut n'est bien évidemment pas le seul à organiser de telles actions de sensibilisation. En ce sens, les grandes écoles professionnelles du ministère de la Justice mettent en place des séminaires, conférences, colloques à l'intention de leurs élèves. Citoyens et Justice a également organisé, en décembre 2017, son deuxième colloque européen sur la justice restaurative. Des initiatives plus locales fleurissent de plus en plus, un peu partout sur le territoire national.

***La formation des animateurs***. Dans des conditions financières parfois périlleuses, France-victimes à mis en place avec l'IFJR, dès 2012, les premières formations en justice restaurative. Fin 2015, la convention de formation continue tripartite, liant L'IFJR, L'ENAP et France-Victimes, a permis la création d'un programme intégré en justice restaurative. Il comprend un tronc commun « Module 1 – La justice restaurative en mouvement : mise en place de projet de rencontres restauratives » de 30 heures. Ce module peut donner suite à un plus spécialisé : « Module 2 – La justice restaurative en action : animation de RDV ou animation de médiation restaurative », d'une durée de 30 heures également. À l'issue de ces deux modules (1 et 2), les participants peuvent se voir délivrer par L'ENAP un « certificat d'animateur de rencontres restauratives » selon l'option suivie, sur la base d'un bilan de compétences. L'obtention de ce certificat est la condition impérative pour devenir animateur d'une mesure de justice restaurative. À l'issue de ces deux premiers modules, les stagiaires ayant réalisé une ou plusieurs animations sont alors susceptibles de suivre deux autres modules de 30 heures dédiés,

---

*agresseur*, 2019, projeté sur, suivi d'un débat ; Arte Vox pop, *Faut-il développer la Justice restaurative ?*, 2019 ; Emmanuelle Emmanuelle Dominicé, *La médiation restaurative. L'expérimentation de l'UEMO de Juvisy*, 2020.

pour l'un, à « l'Analyse des pratiques » (module 3), pour l'autre, à « l'Ingénierie pédagogique » (module 4) débouchant sur l'obtention d'un « certificat de formateur à l'animation de rencontres restauratives ». Cette certification en justice restaurative reposant sur un référentiel particulier élaboré par l'Institut devra offrir, à terme, une habilitation justice pour les animateurs (au sens large) et pour les structures mettant en place les mesures de justice restaurative. D'autres formations, délocalisées sur l'ensemble du territoire national (métropole et outre-mer) sont proposées à destination de l'ensemble des intervenants en justice restaurative. À ce jour, des formations sont proposées pour les RDV/RCV, la médiation pénale et les CSR/CAR. L'Institut a conçu à ces occasions des « cahiers des charges », très détaillés, co-construits avec les acteurs de terrain, à l'intention des animateurs qui s'investissent dans l'une ou l'autre de ces mesures. Enfin et pour l'essentiel, il avait été prévu d'offrir une journée de « sensibilisation à la justice restaurative », en formation initiale, à tous les cœurs de métiers de l'administration pénitentiaire. Au regard du nombre croissant des stagiaires au sein de l'École et de la disponibilité des locaux, elle n'a malheureusement pas encore pu bénéficier à toutes les formations.

Au 31 décembre 2019, 1 896 personnes ont été formées dans ce cadre, dont 650 ont obtenu le certificat d'animateur. Le développement de ces formations est exponentiel : 3 formations en 2014, 27 en 2019 (151 depuis la mise en place de la convention tripartite en décembre 2015) [1]. De la même manière, 371 membres de la communauté (associés aux RDV/RCV) et 38 bénévoles de la communauté (intégrés dans les CSR/CAR) ont reçu une formation adaptée à leurs rôles respectifs.

La formation des animateurs (au sens large) apparaît, par ailleurs et la remarque est fondamentale, porteuse d'espoirs dans l'évolution de leurs pratiques professionnelles dans la mesure où la plupart des stagiaires déclarent que la mise en place des programmes restauratifs « redonne du sens à leur mission », à ce

1. V. également Association de recherche en criminologie appliquée, arca-observatoire.com.

pour quoi « ils avaient embrassé ce métier ». D'autres soulignent, après l'animation d'une mesure de justice restaurative, qu'ils « pratiquent toujours de la même manière auprès du public justice » mais que « la place qu'ils donnent dorénavant à l'écoute devient pour eux essentielle ».

***La formation des personnes « Membres de la communauté » (RDV/RCV).*** La formation aborde les points essentiels pour devenir membre de la communauté lors d'une session de rencontres détenus-victimes ou de rencontres condamnés-victimes : généralités sur la justice restaurative : droit positif, protocoles ; principales définition(s) : bénévole, communauté, représentant, société civile ; choix et statut des bénévoles ; éléments de psychosociologie ; préparation des rencontres restauratives et rôle(s) à tenir. La bonne compréhension de la gestion des émotions de base (joie, peur, tristesse, colère) comme celle des facteurs générateurs d'agressivité (de nature psychologique ou physique) est essentielle. La formation comporte également de nombreuses mises en situation de nature à éclairer la posture d'un membre de la communauté et à pointer les limites personnelles de chacun pour tenir de manière adéquate ce rôle. Divers documents accompagnent la formation : livret pédagogique, protocole, chronogramme, guide de conduite, formulaires, dépliants. Des projections de documentaires sur le déroulement très concret des RDV/RCV sont également proposées.

Originaires de toutes les régions de France (métropole et outre-mer), elles sont d'âges et de statuts très variés, en proportion égale entre actifs et retraités [1]. Les champs professionnels d'où provient le membre de la communauté sont très diversifiés : métiers de la chaîne pénale (magistrats, avocats, conseillers pénitentiaires, éducateurs, greffiers, juristes) ; métiers de la santé (médecins, infirmiers, psychiatres, psychologues, en institution ou en activité libérale) ; métiers du tertiaire et du

1. V. Guide des membres de la communauté dans les RDV/RCV, publ. IFJR,, multigraph, ; Guide des bénévoles de la communauté dans les CSR/CAR,.

secondaire (agroalimentaire, bâtiment, industrie, commerce, services, administrations) ; métiers de l'enseignement (professeurs, formateurs) ; métiers de l'informatique et de la communication ; milieux associatifs de l'accompagnement des personnes victimes et des personnes infracteures ; visiteurs de prison ; aumôniers, étudiants (appartenant parfois au Génépi), principalement.

***La formation des personnes « bénévoles de la communauté » (CSR/CAR)***. Initiée en France de manière formelle à compter de novembre 2017, elle est actuellement dispensée 3 journées, sur les sites où des cercles sont programmés (CSR/CAR). À ce jour, la formation se développe autour de généralités sur la justice restaurative, des cercles plus particulièrement. Une présentation générale des facteurs de risque et de protection est ensuite esquissée. Des mises en situation sont parallèlement proposées aux bénévoles de la communauté potentiels afin de leur permettre de percevoir leurs propres limites à endosser cette posture très active, aux difficultés éventuelles susceptibles de se manifester durant les rencontres et entre celles-ci, aux limites du dispositif même. L'accent est naturellement mis sur la richesse de cette participation humaine et bénévole, réellement de nature à permettre au membre principal de cheminer vers un horizon d'apaisement et, surtout, de recouvrer une autonomie personnelle et sociale durable. Concernant les cercles de soutien et de responsabilité, l'attention des stagiaires est particulièrement attirée, lors de ces exercices, sur l'évocation par le membre principal abuseur sexuel de situations qu'il rencontre, de relations qu'il entretient (intersubjectives ou par le biais de réseaux sociaux), de mots qu'il emploie … qui renvoient à son passé de délinquance, notamment lorsqu'il s'agit de pédophile ou de violeur de femmes. Divers documents sont remis aux stagiaires : livret pédagogique, protocole, chronogramme, guide de conduite, formulaires, dépliants. Des projections de documentaires sur le déroulement très concret des cercles leur sont également proposées. Les bénévoles de la communauté sont issus de tous milieux socio-professionnels, de tous âges et genre, en activité ou non, sans aucune forme de discrimination.

***Les Antennes de L'IFJR.*** Constatant de la nécessité d'être plus proche des terrains où la justice restaurative s'est implantée ou est susceptible de l'être, l'Institut a créé depuis fin 2018 des antennes destinées à l'accompagnement, au sens large, des programmes restauratifs. À ce jour, quatre antennes sont opérationnelles. Celle du Sud-Est, inaugurale, comprend les Cours d'appel d'Aix-en-Provence, Bastia, Chambéry, Grenoble, Lyon, Montpellier, Nîmes et de Riom, Celle du Nord-Est agrège les Cours d'appel d'Amiens, Besançon, Colmar, Dijon, Douai, Metz, Nancy, Paris et Reims. Celle du Sud-Ouest concerne les Cours d'appel d'Agen, Bordeaux, Limoges, Pau, Poitiers et Toulouse. Une autre antenne a été créée plus récemment à La Réunion. La zone Nord-Est sera prochainement couverte.

Les missions des Antennes se déclinent en plusieurs modalités d'accompagnement des partenaires soucieux d'installer, d'étendre, dans les meilleures conditions possibles, un/des programme(s) restauratif(s). Plus précisément, il s'agit :

. d'aider à l'élaboration de la convention de partenariat, la constitution du comité de pilotage, la présentation de la convention type et à la fourniture d'un modèle-type ;

. d'aider à l'élaboration du cahier des charges, la constitution du groupe projet, la présentation du cahier des charges type de la mesure envisagée, la fourniture de livrables adaptables relativement aux seuls aspects matériels et contingences locales, à la mise en place finale du cahier des charges de la mesure envisagée ;

. d'aider à l'orientation des potentiels participants, en s'appuyant sur la présentation du guide de l'orientation qui éclaire, de manière plus spécifique, le contenu de l'information complète obligatoirement offerte à tout public justice ainsi que les modalités d'orientation vers les animateurs ;

. d'aider au recrutement de personnes bénévoles de la communauté par la présentation des prescriptions du « guide des membres de la communauté dans les RCV/RDV », de celui des bénévoles de la communauté dans les CSR/CAR ; d'aider, pour faciliter ce recrutement, à la conception de programmes de journées d'information et de sensibilisation à l'intention du public potentiellement intéressé.

. d'aider à rédaction du bilan de la première mesure, comprenant la fourniture d'outils d'évaluation interne (en plus de l'évaluation externe), d'aider à la conception d'une « journée bilan » avec les partenaires.

Fin 2019, l'IFJR, au travers de ses Antennes, avait accompagné ou accompagnait un nombre conséquent de programmes sur l'ensemble du territoire national. Dans cette même démarche de partenariat, l'Institut a été signataire de nombreuses conventions adoptées soit au niveau d'une cour d'appel, soit des juridictions départementales, associant les magistrats compétents, les directeurs de SPIP ou d'Association d'aide aux victimes, principalement.

On ne soulignera jamais suffisamment l'importance de l'information sur la justice restaurative, sur la sensibilisation élargie du grand public aux mesures restauratives, spécialement disponibles sur l'ensemble des territoires. C'est bien ce manque criant que constatent les coordonnatrices des antennes, comme la plupart des personnes s'impliquant aujourd'hui dans des programmes restauratifs. En ce sens, il conviendrait que les pouvoirs publics prennent en charge, de manière très élargie, la mise à disposition de livrables (dépliants, affiches) dans tous les lieux, les plus diversifiés possibles, recevant du public [1]. Dans une telle stratégie, le SADJAV s'est mobilisé en 2019 mais, concrètement, affichage et livret d'information produits sont rarement disponibles de manière visible, pour le moins, au sein des juridictions, des SPIP, des services de la PJJ ou des AAV, notamment. Or convient-il de rappeler que l'article 10-1 du code de procédure pénale côtoie, dans la partie législative de ce code, des dispositions fondamentales concernant la procédure pénale. Il devient alors très surprenant que sa promotion demeure quasi confidentielle, que son offre soit encore si largement méconnue des justiciables, qui ne manqueraient pourtant pas de bénéficier, s'ils le souhaitent, après avoir été préparés par des professionnels spécialement formés, d'une possibilité, évaluée scientifiquement, de cheminement vers un horizon d'apaisement.

---

1. V. en ce sens, S. Abdellaoui et al., *op. cit.*, not. p.11.

De la même manière, une information systématique sur les mesures restauratives devrait être fournie par tout professionnel recevant un public justice, au même titre qu'ils y procèdent pour les autres droits qui s'attachent à la qualité de la personne, des deux côtés du crime, « A l'occasion de toute procédure pénale et à tous les stades de la procédure, y compris lors de l'exécution des peines [..] » (art. 10-1 C.pr.pén.). Ce qui est déjà le cas pour les officiers et agents de police judiciaire qui « informent, par tous moyens, les victimes de leurs droits », notamment à se voir proposer « [...] une mesure de justice restaurative » (art. 10-2-1° C.pr.pén.).

***L'évaluation des mesures restauratives*** Comme il a été signalé précédemment, elle est d'une impérieuse urgence. Mais elle a un coût humain donc financier important. L'IFJR mène actuellement quelques évaluations s'inscrivant dans la stratégie longitudinale, dont les résultats seront prochainement analysés. Certes, les chiffres disponibles pourront paraître faibles aux yeux de quelques détracteurs. Mais il est nécessaire de constater que l'acceptation de l'évaluation d'un programme, quel qu'il soit, est trop souvent encore vécue, par les professionnels le mettant en œuvre, comme une évaluation de leurs compétences personnelles, ce qui évidemment n'est pas l'objectif. Et de manière plus triviale, il faut admettre que les programmes de justice restaurative sont trop récents pour offrir, lors des évaluations, des résultats suffisamment représentatifs et généralisables. La culture de l'évaluation reste encore à inventer en France et elle devrait s'étendre à toutes les actions menées tout au long de la chaîne pénale.

# Conclusion

Les enjeux de la Justice restaurative apparaissent comme fondamentaux pour tous les protagonistes du crime : personnes infracteures, personnes victimes, communautés, société. Les bénéfices pour les participants sont réels si les programmes mis en œuvre suivent scrupuleusement les protocoles établis. Il n'est pas du tout utopique de penser que les valeurs de vie sociale harmonieuse, de respect mutuel, du prendre soin de chacun.e, de solidarité, de justice finalement qui la fonde constituent les promesses à remplir pour sortir la pénalité moderne de la crise profonde qui l'affecte. Il ne s'agit là que d'un utopisme rationnel comme se plaisait à le présenter Pierre BOURDIEU, « capable de jouer de la connaissance du probable pour faire advenir le possible » [1]. Il y a dix ans, nous interrogions avec Paul Mbanzoulou la justice restaurative comme une utopie qui marche ? [2]. Les développements qui précèdent ont permis de souligner à quel point les mesures restauratives sont créatrices de réponses adaptées aux attentes des participants, mais aussi rationnelles dans leur déroulement, grâce aux acteurs de terrain, spécialement formés. En cela, la Justice restaurative favorise harmonieusement l'Œuvre de justice à laquelle la personne victime est en droit de prétendre car la victimisation dont elle souffre signe l'échec patent des programmes de prévention du phénomène criminel, objet prioritaire des sciences criminelles [3]. La personne infracteure est également en droit d'attendre, au-delà de la condamnation de l'acte inacceptable socialement qu'il

1. *Questions de sociologie*, Ed. de Minuit, 1984, p. 78

2. La Justice restaurative. Une utopie qui marche ?, *op. cit.*, 103 p.

3. V. not. R. Cario, Introduction aux sciences criminelles, *op. cit.*, p. 193 et s.

a commis, une réintégration la plus aboutie possible au sein de nos communautés. À l'opposé du procès pénal classique qui aliène en se crispant sur le passé de la faute, la Justice restaurative rééquilibre les priorités en réinvestissant, aux côtés de la personne infracteure, la personne victime elle-même. Par la présence du tiers justice (en la personne des institutions judiciaires) et du tiers social (de celle des représentants de la communauté, des organismes d'aide et d'accompagnement), elle permet de socialiser le désir de vengeance éventuel de la personne victime, tout comme de consolider la responsabilisation de la personne infracteure, lesquels deviennent alors fortement réparateurs. Par la reconsidération de la dignité de Personne de chacun, elle les confirme tous dans leur humanité, en y associant leurs proches et leurs communauté d'appartenance. En même temps qu'elle institue chacun dans son rôle, qu'elle place tous les acteurs au centre même du conflit, opérations symboliquement essentielles, la Justice restaurative reconstruit l'avenir en associant à la réponse pénale de sanction de l'acte la réparation des torts subis, directement ou par répercussions.

Bien mieux que la justice classique, la Justice restaurative traite encore et principalement les émotions qui submergent les passages à l'acte criminel. Une telle fonction apparaît en tous points conforme par ailleurs aux théories psychologiques de la peine qui originent le droit de punir dans la nécessité d'apaiser les émotions suscitées par le crime. Sans nier que l'acte criminel est posé par la personne infracteure de manière totalement illégitime, la réponse restaurative prend aussi en compte la vulnérabilité dans laquelle il se trouvait au moment des faits, dans un nombre important de cas, vulnérabilité susceptible non seulement d'en expliquer la réalisation mais encore de permettre la meilleure adaptation possible de la sanction finalement prononcée à sa personnalité, aux besoins de la personne victime et à la préservation de l'intérêt général. Une telle approche se justifie d'autant plus que dans les crimes les plus sérieux, la plupart des protagonistes se connaissent et évoluent dans une forte proximité socioculturelle, accablés de toutes sortes de pauvretés. Cette vulnérabilité partagée distribue, dans de nombreuses affaires, les rôles – interchangeables – de criminel et de victime.

Bien naturellement, la Justice restaurative suppose un partenariat effectif de tous les services impliqués dans la gestion pénale du conflit et, plus que dans tout autre modèle de justice, la formation des intervenants est une clé fondamentale de la réussite des mesures mises en œuvre pour réintégrer en humanité les intéressés en particulier, pour restaurer l'harmonie sociale plus généralement [1].

Pour ne pas encore aller de soi dans notre pays, une évaluation scientifique des activités de Justice restaurative devrait être systématiquement entreprise, tant en ce qui concerne les missions menées au sein des Services que celles effectuées par les autres partenaires, notamment institutionnels. De telles évaluations, certes délicates lorsqu'il s'agit de l'activité humaine, sont pour autant nécessaires dans une société où la tentation de la culpabilisation individuelle, toute comme celle de la psychologisation des réponses, sont envahissantes. Il apparaît tout à fait normal que tous les acteurs investis dans la prévention, la répression et le traitement du phénomène criminel (dans l'endroit comme l'envers du crime) rendent compte de la manière dont leur activité contribue finalement au bien commun. Il apparaît tout à fait utile, dans le même sens, que les bonnes pratiques, validées scientifiquement, soient effectivement disséminées sur l'ensemble du territoire national.

Finalement, par la globalisation de l'approche du conflit intersubjectif cristallisé par le crime (entendu comme la transgression d'une valeur sociale essentielle), la réponse socio-pénale restaurative devient enfin intelligible. L'acte de juger repose en effet, selon Paul RICŒUR, sur une double finalité : une finalité courte consistant à trancher, mettre fin à l'incertitude,

---

1. Sur cette inévitable professionnalisation, V. not. R. Cario et al. (Dir.), *Profession criminologue : spécialisation ou professionnalisation*, Ed. Erès, 1994, 227 p. ; P. Tournier (Dir.), *La Babel criminologique. Formation et recherche sur le phénomène criminel : sortir de l'exception française ?*, Ed. L'Harmattan, Coll. Criminologie, 2009, 296 p. ; R. Cario, M. Herzog-Evans, L.M. Villerbu, *La criminologie à l'Université. Mythes… et réalités*, Ed. L'Harmattan, Coll. Controverses, 2012, 104 p.

séparer les parties ; une finalité longue conduisant, par la reconnaissance de chacun à la part que l'autre prend à la même société que lui, à la paix publique [1]. En annulant la vengeance vindicative, la Justice restaurative s'ouvre au vindicatoire en offrant à la personne victime, reconnue en tant que telle face à la personne infracteure, la possibilité « de délier le lien d'offense et de lui remettre tout ou partie de sa dette, d'hier, d'aujourd'hui ou de demain » [2].

L'intégration des mesures de Justice restaurative dépend de la seule volonté politique. Éclairée sans aucun doute, mais certainement pas révolutionnaire et encore moins laxiste. Au regard des promesses annoncées et aujourd'hui constatées, en complémentarité avec le meilleur du Système de Justice pénale actuel, le temps de la Justice restaurative s'éclaircit de plus en plus. Quand bien même d'aucuns se complaisent encore à décliner sous des formes variées que « rien ne marche » [3], que « ...[l'on a tout essayé...] », il convient de les contredire fermement en ajoutant, avec le grand naturaliste et explorateur que fut Théodore Monod : « [...sauf l'amour] ».

---

1. P. Ricoeur, *Le juste*, Ed. Esprit, 1995, pp. 185-192.

2. A. Garapon, R. Verdier, Postface. Nouvelles justices, nouvelles sanctions, *In* R. Verdier (Dir.), *Vengeance Le face-à-face victime/agresseur*, Ed. Autrement, Coll. Mutations, 2004, p. 227.

3. R. Martinson, What works ? Questions and answers about prison reform, *In The public interest*, 1974/35, p. 22 et s.

# Bibliographie sélective


I. Aertsen, T. Daems, L. Robert (Eds.), Institutionalizing Restorative justice, 2006, Willan.

M. Armour, M. Umbreir (Eds.), Violence, restorative justice and forgivness, 2018, Jessica Kingsley ed.

Braithwaite, Crime, shame and rein- tegration, 1989, Cambridge University Press.

R. Cario, C. Rossi, Justice restaurative. Principes et promesses, 3e éd., 2020, coll. Traité de sciences criminelles, L'Harmattan.

R. Cario, S. Ruiz-Vera, Droit(s) des victimes, L'Harmattan.

R. Cario, P. Mbanzoulou (Dir.), La justice restaurative. Une utopie qui marche ?, 2010, coll. Controverses, L'Harmattan.

R. Cario (Dir.), Les rencontres détenus-victimes. L'humanité retrouvée, 2014, coll. Controverses, L'Harmattan.

T. Chapman, Protecting rights, restoring respect and strenghtening relationships : a european model for restorative justice with children and young people, Vol. 2, European research on restorative justice, OIJJ, ECJJ, 2015 ; Toolkit for professionals : implementing a European model for restorative justice with children and young people, Vol. 3, European research on restorative justice, OIJJ, ECJJ, 2015.

S. Charbonneau, C. Rossi, La médiation relationnelle : rencontres de dialogue et justice réparatrice, Ed. L'Harmattan, coll Criminologie, 2020, 190 p., en cours de publication.

M. Cowburn, M. Duggan, A. Robinson, P. Senior (Eds.), Values in criminology and community justice, 2015, Policy press.

T. De Villette, Faire justice autrement. Le défi des rencontres entre détenus et victimes, 2009, éd. Médiaspaul.

F. Dünkel, J. Grzywa-Holten, P. Horsfield (Eds.), Restorative justice and mediation in penal matters. A stock-taking of legal issues, implementation strategies and outcomes in 36 european countries, vol. 2, 2015, Forum Verlag Godesberg.

E. Elliott, R. M. Gordon (Eds.), New directions in restorative justice. Issues, practices, evaluation, 2005, Willan.

European best practices of restorative justice in the criminal procedure, 2010, Ministry of justice and law enforcement of the Republic of Hungary.

J. Faget, Médiations : les ateliers silencieux de la démocratie, 2015, Érès.

S. Farrall, M. Hough, S. Maruna, R. Sparks, Escape routes. Contemporary perspectives on life after punishment, 2011, Routledge.

E. A. Fattah, Restorative justice : Society's steady march toward a civilized justice paradigm, 2019, 218 p.

J. Filippi, La justice restaurative en droit pénal des mineurs. Approche comparée France/Belgique, thèse, 2017, Pau, multigraph., 2015, 483 p.

F. Fonseca Rosenblatt, The role of community in restorative justice, 2015, Routledge.

P. Gailly, La justice restauratrice, 2011, Larcier

B. Gale, J. Braithwaite, V. Braithwaite (Eds.), Restorative and responsive human services, 2019, Routledge.

B. Hopkins (Ed.), Restorative justice in practice. Insights into what works and why ?, 2015, Jessica Kingsley Publishers.

G. Johnstone, Restorative justice. Ideas, values, debates, 2011, Willan.

G. Johnstone (Eds.), A restorative justice reader : texts, sources, context, 2e éd., 2012, Willan.

A. Liebling, S. Maruna, L. McAra, The Oxford handbook of criminologye, 2017, Oxford Univ. Press.

J. J. Llewellyn, D. Philpott (Eds.), Restorative jus- tice, reconciliation and peacebuilding, 2014, Oxford University Press.

J. Morineau, La médiation humaniste, 2016, Érès.

D. O'Mahony, J. Doak, Reimagining restorative justice. Agency and accountability in the criminal process, 2017, Hart Publishing.

F. Rognon, B. Deymié (Dir.), Punir, restaurer, guérir. Regards croisés sur la justice restaurative, 2014, coll. Controverses, L'Harmattan.

C. Rossi, S. Charbonneau, La médiation relationnelle, 2020, L'Harmattan.

B. Sayous, La justice restaurative. Aspects criminologiques et processuels, Thèse, 2016, Univ. Pau et Pays de l'Adour, multigraph., 698 p.

J. Shapland (Eds.), Restorative justice in practice. Evaluating what works for victims and offenders, 2011, Routledge.

H. Strang, L. W. Sherman (Eds.), Restorative justice : philosophy to practice, 2017, Routlege.

M. Umbreit, M. Peterson-Armour, Restorative justice dialogue. An essential guide for research and practice, 2011, Springer.

I. Vanfraechem, D. Bolivar, I. Aettsen (Eds.), Victims and restorative justice, 2015, Routledge.

D. Van Ness, K.H. Strong, Restoring justice. An introduction to restorative justice, Anderson pub.

L. Walgrave, Restorative justice, self-in terest and responsible citizenship, 2008, Willan.

H. Zehr, Changing lenses : a new focus for crime and justice (1990), Herald Press ; Changing lenses. Restorative justice for our times, 2015, Herald Press.

H. Zehr, The little book of restorative justice, 2015, Good books.

H. Zehr, La justice restaurative. Pour sortir des impasses de la logique punitive, 2012, Labor et Fides.

E. Zinsstag, I. Vanfraechem (Eds.), Conferencing and restorative justice. International practices and perspectives, 2012, Oxford University Press.

# Table des matières

## Structures éditoriales du groupe L'Harmattan

**L'Harmattan Italie**
Via degli Artisti, 15
10124 Torino
harmattan.italia@gmail.com

**L'Harmattan Hongrie**
Kossuth l. u. 14-16.
1053 Budapest
harmattan@harmattan.hu

---

**L'Harmattan Sénégal**
10 VDN en face Mermoz
BP 45034 Dakar-Fann
senharmattan@gmail.com

**L'Harmattan Cameroun**
TSINGA/FECAFOOT
BP 11486 Yaoundé
inkoukam@gmail.com

**L'Harmattan Burkina Faso**
Achille Somé – tengnule@hotmail.fr

**L'Harmattan Guinée**
Almamya, rue KA 028 OKB Agency
BP 3470 Conakry
harmattanguinee@yahoo.fr

**L'Harmattan RDC**
185, avenue Nyangwe
Commune de Lingwala – Kinshasa
matangilamusadila@yahoo.fr

**L'Harmattan Congo**
67, boulevard Denis-Sassou-N'Guesso
BP 2874 Brazzaville
harmattan.congo@yahoo.fr

**L'Harmattan Mali**
Sirakoro-Meguetana V31
Bamako
syllaka@yahoo.fr

**L'Harmattan Togo**
Djidjole – Lomé
Maison Amela
face EPP BATOME
ddamela@aol.com

**L'Harmattan Côte d'Ivoire**
Résidence Karl – Cité des Arts
Abidjan-Cocody
03 BP 1588 Abidjan
espace_harmattan.ci@hotmail.fr

**L'Harmattan Algérie**
22, rue Moulay-Mohamed
31000 Oran
info2@harmattan-algerie.com

**L'Harmattan Maroc**
5, rue Ferrane-Kouicha, Talaâ-Elkbira
Chrableyine, Fès-Médine
30000 Fès
harmattan.maroc@gmail.com

---

## Nos librairies en France

**Librairie internationale**
16, rue des Écoles – 75005 Paris
librairie.internationale@harmattan.fr
01 40 46 79 11
www.librairieharmattan.com

**Librairie l'Espace Harmattan**
21 bis, rue des Écoles – 75005 Paris
librairie.espace@harmattan.fr
01 43 29 49 42

**Lib. sciences humaines & histoire**
21, rue des Écoles – 75005 Paris
librairie.sh@harmattan.fr
01 46 34 13 71
www.librairieharmattansh.com

**Lib. Méditerranée & Moyen-Orient**
7, rue des Carmes – 75005 Paris
librairie.mediterranee@harmattan.fr
01 43 29 71 15

**Librairie Le Lucernaire**
53, rue Notre-Dame-des-Champs – 75006 Paris
librairie@lucernaire.fr
01 42 22 67 13

www.ingramcontent.com/pod-product-compliance
Lightning Source LLC
La Vergne TN
LVHW021236061026
849535LV00008B/3086